Huw Jones
o Langwm

A. Cynfael Lake

GWASG PANTYCELYN

ISBN: 978-1-903314-81-4

Mae'r cyhoeddwr yn cydnabod cefnogaeth ariannol
Cyngor Llyfrau Cymru.

Cyhoeddwyd gan Wasg Pantycelyn
Argraffwyd gan Wasg y Bwthyn, Caernarfon

I RHODRI, SIONED A RHYDIAN

CYNNWYS

RHAGAIR

Seiliwyd tair pennod o blith y pedair sydd rhwng y cloriau hyn (sef y gyntaf, y drydedd a'r bedwaredd) ar y deunydd a gasglwyd wrth baratoi golygiad o anterliwtiau Huw Jones o Langwm, ac ar gyfres o ysgrifau ar yr anterliwtiau hynny ar y naill law ac ar ganu poblogaidd y ddeunawfed ganrif ar y llaw arall. Barnwyd mai buddiol fyddai dwyn ynghyd ffrwyth yr ymchwil a wnaed er mwyn cynnig goleuni ar waith un o ffigurau mwyaf adnabyddus y ddeunawfed ganrif ac er mwyn ceisio esbonio apêl y gwaith hwnnw yng ngolwg ei gyd-wladwyr. Seiliwyd yr ail bennod ar brosiect a ariannwyd gan Fwrdd Gwybodau Celtaidd Prifysgol Cymru ac a amcanai at greu casgliad cyflawn o holl faledi Huw Jones.

Dr Alaw Mai Jones a benodwyd i ymgymryd â'r gwaith hwnnw, a mawr yw fy niolch iddi am ei llafur yn cofnodi'r baledi – rhyw gant a phedwar ugain ohonynt i gyd – ac yn eu golygu. Bu hefyd yn barod iawn ei chymwynas wrth i mi baratoi'r astudiaeth hon, a phleser o'r mwyaf yw cydnabod fy nyled iddi. Bûm ar ofyn eraill, a chefais gymorth parod gan Mr Andrew Hawke, Mr Daniel Huws, Dr Cathryn Charnell-White, Dr Siwan M. Rosser, a staff Archifdy Sir Ddinbych. Rhaid i mi gofnodi fy niolch hefyd i Dr Huw Meirion Edwards, golygydd y gyfres hon, am dderbyn y deunydd a'i lywio trwy'r wasg mor ddiffwdan.

I

BRASLUN:
EI FYWYD A'I WAITH
A'I GYDNABOD LLENYDDOL

'Colled fawr na fuasai rhyw hanesydd nes ato na ni wedi ysgrifennu ychydig o'i hanes'. Felly y diweddodd Thomas Jones ei sylwadau ar Huw Jones o Langwm yn ei gyfrol *Beirdd Uwchaled* (1930). Ysywaeth, ychydig sy'n hysbys am Huw Jones a ffrwyth dyfalu yw llawer o'r ffeithiau a ailadroddwyd yn y naill fywgraffiad ar ôl y llall. Er mai wrth yr enw Huw Jones o Langwm yr adwaenid ef yn ei ddydd, nid oes tystiolaeth mai yn Llangwm y'i ganed, er mai felly y tybiai E.H. Rowland, awdur *A Biographical Dictionary of Eminent Welshmen* (1907). Ni wyddys ychwaith ym mha flwyddyn y ganed ef. Yr oedd Robert Williams, awdur *Enwogion Cymru: A Biographical Dictionary of Eminent Welshmen* (1852) a Gwilym Lleyn, awdur *Llyfryddiaeth y Cymry* (1869), yn weddol agos i'w lle pan gynigiasant ei fod yn ei flodau rhwng 1740 ac 1780. Fe'u dilynwyd gan J.T. Jones yn y *Geiriadur Bywgraffyddol o Enwogion Cymru* (1870), gan *Cymru* Owen Jones (1875), gan *Y Gwyddoniadur Cymreig* (1892), a chan *A Biographical Dictionary of Eminent Welshmen* E.H. Rowland (1907). Ar y llaw arall barnai T.R. Roberts, awdur *Eminent Welshmen* (1908), fod Huw Jones wedi ei eni tua'r flwyddyn 1700 ('about 1700 – about 1780') ac fe'i dilynwyd yn ei dro gan y Parchedig Ernest Edward Wynne, awdur y cofnod ar Huw Jones yn y *Bywgraffiadur Cymreig* (1953).

Gellid tybio bod E.E. Wynne mewn tipyn o gyfyng-gyngor. Er

iddo loffa yn *Llyfryddiaeth y Cymry* Gwilym Lleyn wrth baratoi ei ysgrif, ni allai anwybyddu goblygiadau un cofnod yn benodol yn astudiaeth Charles Ashton, *Hanes Llenyddiaeth Gymreig o 1651 O.C. hyd 1850* (1893). Yno nododd Charles Ashton fod un o faledi Huw Jones wedi ei hargraffu yn y flwyddyn 1727, a rhesymol felly oedd tybio mai oddeutu 1700 y ganed ef. Diogelwyd tri chopi o'r faled dan sylw. Ysywaeth, nid oes dyddiad ar yr wynebddalen ac ni chofnodwyd enw'r argraffwr. Ar un copi, fodd bynnag, ysgrifennwyd y dyddiad 1727 mewn llaw; derbyniodd Charles Ashton hynny yn ddigwestiwn fel y gwnaeth Robert Griffith yn ei sylwadau yn *Deuddeg o Feirdd y Berwyn* (1910), ar ei ôl. 'Dechrau Cerdd yn Rhoddi Bur hanes am Citty Lisbon yr hon a faluriodd ir mor ofewn yr ychydig amser guda Rhybydd, i nine onid Edifarhawn y difethir ni oll yr un modd' yw'r faled o'r eiddo Huw Jones yn y llyfryn dan sylw, a dengys y pennawd yn glir mai'r daeargryn a drawodd ddinas Lisbon ar y cyntaf o Dachwedd 1755 yw pwnc y faled (BWB 95). Gwall am 1757 oedd y dyddiad 1727 a welodd Charles Ashton. Ymddengys fod y llyfryn a oedd yn cynnwys cerdd Huw Jones yn rhan o gyfres o dri a werthid gan Evan Ellis, a phob un yn cynnwys cerdd am y digwyddiad gan feirdd gwahanol. Dinistriwyd y rhan fwyaf o'r ddinas gan y daeargryn a chollodd hyd at 100,000 eu bywydau. Cyfleir peth o arswyd y digwyddiad gan bennawd y gerdd a luniwyd gan Ellis Roberts, neu Elis y Cowper: 'Yn gyntaf, dirifau newyddion sydd yn rhoi cowir hanes am ddychrynedig ddinistr a gafodd y Sity Lisbon o herwydd daiar gryn fel ei roedd y plasau ar tai yn syrthio ben dra mwnwgl ymhen ei theyluodd. ag fel roedd yr ysdrydoedd yn cynhyrfy ag yn ymegor, ar tân yn fflamio allan oi hagenau hwynt ar trugolion wrth ffoi allan yn syrthio ag yn disgun ir tan' (BWB 95B). Achosodd y daeargryn ymchwydd ar y môr, neu *tsunami*, a effeithiodd ar ardaloedd eraill, fel y tystia Gwilym ap Dewi ym mhennawd ei faled yntau: 'Hanes y ddaiar gryn ... a llawer o drgolion a golledd ei bowyd yn y dyddiau hynu mewn byr amser mewn trefydd a gwledydd erill dros y môr' (BWB 95C). Lluniodd Huw Jones faled arall ar yr un pwnc; ysywaeth, y llinellau olaf yn unig a ddiogelwyd, ond nid oes lle i amau cywirdeb y dyddiad a gofnodwyd yn yr unig gopi llawysgrif, sef 1757 (Llsgr. CM 41, i, 45). Y mae'n amlwg na ellir rhoi coel ar y dyddiad a welodd Charles Ashton, a gwelir mai i bedwardegau'r ganrif, fel yr awgrymodd Gwilym Lleyn, y perthyn y cofnodion dibynadwy cynharaf am weithgarwch y gŵr o Langwm. Rhaid pwyso yn bennaf ar dystiolaeth y gweithiau a ddiogelwyd, yn faledi, yn anterliwtiau ac yn flodeugerddi, wrth geisio plotio ei yrfa. 'Ce's lythyr i wrth Langwm o Lundain', hysbysodd William Morris ei frawd Lewis ar 24 Ebrill 1762 (ML ii 466). Ysywaeth, collwyd y llythyr hwnnw a phob un arall a luniodd Huw. Yn ffodus cynigir peth goleuni ar ei fywyd ac ar ei weithgarwch yn llythyron y Morrisiaid; buasai'r astudiaeth hon a'n gwybodaeth am Huw Jones yn llawer tlotach hebddynt.

I'r flwyddyn 1744 y perthyn y faled gynharaf y gellir ei dyddio. Y flwyddyn honno lluniodd Huw Jones faled 'yn rhoddi hanes gwraig aladdodd i merch yn lingcon sire 1743' (BWB 126). Un gerdd arall yn unig y gellir bod yn sicr ei bod yn perthyn i'r pedwardegau. Pum mlynedd yn ddiweddarach ymddangosodd 'Cerdd newydd sydd yn adroedd mor ansicir iw ein hamser gydag ysdyrieth am fyr rybydd neu farwoleth Syr Watkin Williams Wynne' (BWB 116). Myfyrdod ar y farwolaeth yn hytrach nag amgylchiadau'r farwolaeth yw pwnc baled Huw Jones; disgrifir diwedd dyddiau Syr Watkin a etifeddasai ystadau helaeth ei dad a'i fam naw mlynedd ynghynt mewn dwy gerdd a gyhoeddwyd gyda'i gilydd, y naill yn un Gymraeg a'r llall yn un Saesneg (BWB 93). Yn ôl teitl y faled Gymraeg, 'Dechreu Can. farwnad neu o alarnad am farwoleth Sir Watkin Williams Wynn Bart. yr hwn a cwympodd neu a syrthiodd dros eu ceffyl wrth hela ar ddydd Mawrth yr 26 o fedi mewn cae on agos i Wrexham'. Yn y gerdd Gymraeg symol ei hansawdd disgrifir y marchog a'i weision yn hwylio i hela:

> Sir Watkin Williams Wynn droi maes
> Mewn blys ou blas y boreu
> Y wenidiogion dewrion drud
> Ou bronau ay bryd fel ynte
> Yn jach cael hela'r i wrth ysgafn droed ...

Ac ynte'r marchog ar farch gwych
O fewn ir cwrych yn cyru
Mor ddiyngan y daw e angeu
I ddala'r gwr Bonheddig Sufyl
Ai droi fo'n gorphun dros ou Geffyl
Daeth capias gorpus Brenin ne
Gael mynd ac efo i cyfri.

Fel hyn yr egyr y gerdd Saesneg, sydd, fel ei chymar, yn ddienw:

Mourn, mourn ye Britons all, for cruel Death
Has robb'd Sir Watkin Williams Wynne of breath;
He's gone, he's gone, ah! the Great loss deplore,
Sir Watkin Williams, Wynn, is now no more.

Y mae'r dystiolaeth yn amlhau ym mhumdegau'r ganrif. Mewn un gerdd disgrifir digwyddiad 'yn y flwyddyn 1753, yn Sir Feirionydd yn agos ir bala lle bu glefyd a marwolaeth fwya mewn cyn lleied o amser ag a fu ers talm o amser ynghymry ar ei ôl' (BWB 112). Argraffwyd y faled hon ond fe'i copïwyd hefyd, ac yn ôl y priodoliad ar ddiwedd y gerdd, 'Hugh Joans sioppwr llanggwm ai Cant 1753' (Llsgr. LlGC 1238B, 112). I'r un cyfnod y perthyn dwy faled hunangofiannol sy'n taflu rhyw gymaint o oleuni ar hanes ac ar amgylchiadau gwrthrych yr astudiaeth hon. Yn ôl y faled sy'n dechrau â'r llinell 'Pob dyn diniwed sy yn y byd yn perchen golud gwiwlan' (BWB 196A), bu Huw Jones am ysbaid yn ei fywyd yn siopwr:

Gwedi hynny rhois fy mryd ar drin y byd yn bowdwr,
Yr oedd fy meddwl i mor llawn, os hapie mi awn yn siopwr;
Mi es yn barchus yn y wlad wrth brynu'n ddrud a gwerthu'n rhad,
Nid oedd undyn yn y wlad mwy ei gariad ar eu geirie;
Yrŵan rydw-i 'n dallt fy mai, gwael yw'r hap o goelio rhai,
Wrth hyn yr aeth llawer un yn llai, fe â'r llanw yn drai ryw droee.

Y mae'n amlwg fod yr hwch wedi mynd trwy'r siop, a charcharwyd Huw Jones, yn ôl ei dystiolaeth ei hun, yn Rhuthun oherwydd ei ddyledion, fel y tystia pennawd y gerdd: 'Hugh Jones siopwr Llangwm yn Sir ddimbech yr hwn oedd yn Jel Rhythyn am Ddyled ac a wnaeth Gerdd iddo i hunan'. Anfona Huw ei gyfarchion at ei wraig a'i blant ym mhennill olaf y gerdd fywgraffyddol:

> Rwy'n gyrru f'annerch i'm hen le mewn modde gole gwiwlan
> At fy ngwraig a 'mhlant sydd bur a'r rhain mewn cur a'm caran',
> A'm holl gymdogion ffraethlon ffri sy'n cofio fyth amdanaf fi
> Tan obaith llwyr a'm dagre yn lli' dof i'w cwmpeini penna';
> Rwy'n rhoi bendithion gwiwlon gant i bob rhyw Gristion fwynion fant
> Sy'n rhodio ymhlith 'y ngwraig i a 'mhlant, iawn feddiant, o'r ufudda'.

Ni ddiogelwyd cofnod swyddogol am y ddyled nac am y carcharu. Er mai yn 1756, yn ôl pob tebyg, yr argraffwyd y faled hunangofiannol, awgryma ail gerdd sy'n ymwneud â'r un digwyddiad mai yn ystod 1755 y collodd Huw Jones ei ryddid. (Diau fod y gerdd gyntaf wedi ei hargraffu ynghynt ond na ddiogelwyd yr un copi.) Lluniwyd yr ail gerdd honno ar ôl 1 Tachwedd 1755 gan fod cyfeiriad ynddi at ddaeargryn Lisbon, ac erbyn hynny yr oedd Huw a'i draed yn rhydd. 'Gerdd Newydd Neu gwynfan Dŷn trafferthus wedi bod mewn caethiwed a Charchar, fel y mae yn clodfori Duw am ei warediad' yw hon (BWB 435). Cyfeiria Huw at ei anffawd:

> Ti a'm dygest gynt o garchar lle bûm yn gaeth, fy meie a'i gwnaeth,
> Trwy dy wyrthie mawr lawenydd yn ddedwydd imi a ddaeth.

Ei dlodi a'i anallu i fwydo ei deulu yw'r hyn sy'n ei boeni fwyaf, fodd bynnag:

> Duw, clyw fy ngwraig a minne a saith o blant drwy gŵynion gant
> Yn galw ar d'enw grasol, hyfrydol siriol Sant;
> Yr ydyn mewn cyfyngder yn ein hoes, mae'r byd yn groes,
> Y leni drwy fawr flinder ni gawson lawer loes;
> Gan drwbwl tristwch hefyd, angen, clefyd, cledfyd clau,
> Ond gall Duw'r hedd cyn mynd i'm bedd droi'n llwyredd i'm gwellhau.

Y mae ganddo un deisyfiad arall:

> A thor yn frau y tystion gau drwy greulon foddau fu.

Awgryma iddo gael cam yn y gorffennol ac iddo ddioddef o

ganlyniad i anonestrwydd eraill. Nid oes dyddiad ar wyneb-ddalen y llyfryn cynharaf sy'n cynnwys y gerdd hon (BWB 130), ond fe'i dilynir gan gerdd alegorïol sydd ar ffurf marwnad i Drugaredd ac sy'n dechrau fel hyn:

Pob Cristion da ei amynedd, pob lluniedd ddyn llon,
Gwrandewch ar gynghanedd go bruddedd gerbron
Am goffa cydymeth llawn afieth llon wedd;
Mae'n drwm gen-i glywed ei fyned o i'w fedd.

Fe fu'n ŵr cymradwy yn tramwy pob tre',
O'r Aifft i dre' Rufen a Llunden, pob lle,
A'i henw oedd Trugaredd, bu rinwedd i'w ran,
Fe'i claddwyd o'r diwedd, ŵr lluniedd, yn llan.

Er mai cerdd wrthrychol ei chywair yw hon, nodir ar wynebddalen y faled mai ar y deuddegfed dydd o fis Ionawr 1755 y bu farw Trugaredd. Awgryma'r manylyn hwn fod y gerdd yn seiliedig ar ddigwyddiad penodol ym mywyd Huw Jones ei hun. Tybed ai ar y dyddiad hwn y dedfrydwyd ef? Er ei fod wedi ei ryddhau cyn diwedd mis Hydref y flwyddyn honno, nid annichon iddo dreulio'r rhan fwyaf o'r flwyddyn o dan glo. Anfona ei gyfarchion at ei wraig a'i blant mewn cerdd fer na cheir ynddi namyn dau bennill, ac ymddengys mai yn ystod ei garchariad y lluniwyd hon hefyd:

Yr ydw-i mewn caethiwed bob nos a dydd a'm bron yn brudd,
Mae 'nghalon i yn ochneidio heb allu rhodio'n rhydd.

(Llsgr. LlGC 653B, 147)

Enwir pedwar o'i blant yn y gerdd honno, sef Lowri, 'lili lon', Beti, Sara a Pegi. Bu farw un o ferched Huw Jones a lluniodd ddau bennill er cof amdani. Dywed pa mor hoff ydoedd ohoni, a chyffelyba hoedl dyn i ddail y coed sy'n syrthio ac yn darfod:

Anserten iawn yw hoedel dyn, ni safia cledde Ange 'r un,
Fel saer mewn llwyn o goedydd mawr fe dyr y glasbren weithie i lawr;
Ail yw gŵr sy'n claddu ei blant i goed sy'n tyfu ar ochor nant,
Y dail yn syrthio a gwyfo a gân' a'r coed yn tyfu heb lygru'n lân.

(Llsgr. LlGC 346B, 212)

Yr oedd pedwar gŵr a adwaenid wrth yr enw Huw Jones yn planta ym mhlwyf Llangwm ym mhedwardegau a phumdegau'r ddeunawfed ganrif. Ni chafodd yr un ohonynt bedair merch o'r enw Lowri, Beti, Sara a Pegi, ond ar sail y dystiolaeth yng nghofrestr y plwyf ymddengys mai Rose oedd gwraig Huw Jones, y baledwr a'r anterliwtiwr o Langwm. Brodor o Lanfihangel Glyn Myfyr ydoedd, a phriodwyd hi a Huw Jones 'of Llangwm Parish' ar 31 Awst 1744. Ganed i'r ddau fab, Hwmffre, yn 1748, a buasai yn bymtheg oed yn 1763 pan deithiodd ef a'i dad i Fôn i ddosbarthu copïau o'r *Diddanwch Teuluaidd*. 'Glana gwr a ddaeth ym hannedd, wythnos i heddy oedd o ai fab ai beichiau o Ddiddanwch', meddai William Morris mewn llythyr at ei frawd Richard ar 5 Tachwedd y flwyddyn honno (ML ii 600). Nid enwir Lowri yn y gofrestr ond ganed Beti (Elizabeth) yn 1750, Sara yn 1752 a Pegi (Margaret) yn 1754. Ganed y plentyn nesaf, Catrin, ar 25 Mawrth 1756. Os carcharwyd Huw Jones ym mis Ionawr 1755, rhaid ei fod wedi ei ryddhau erbyn mis Mehefin ar ôl bod o dan glo am chwe mis ar y mwyaf. Ganed Huw yn 1758 a chan mai'r un enw a roddwyd ar y mab a aned yn 1761, tebyg iddo farw yn ifanc. Ym mis Gorffennaf 1762 y ganed Alis, eu plentyn olaf. Nid yw tystiolaeth cofnodion y plwyf yn gwbl gyson â'r cyfeiriadau sydd gan Huw Jones at ei blant. Enwir pedair merch, fel y gwelwyd, yn y faled a luniodd yn ystod cyfnod ei garcharu, ond 'Duw, clyw fy ngwraig a minne a saith o blant' oedd ei ble yn y faled a luniodd yn fuan wedi ei ryddhau (BWB 435).

Erys ar glawr ddwy ddogfen sy'n crybwyll dyledion gŵr o'r enw Huw Jones a hanes ei garcharu. Perthyn y gyntaf i'r flwyddyn 1734, a nodir fel y cludwyd y troseddwr i garchar Rhuthun ar orchymyn Syr Robert Salesbury Cotton (Archifdy Sir Ddinbych QSD/SR/102/14). I'r flwyddyn 1743, fel y gwelwyd, y perthyn y cyfeiriad cyntaf at waith Huw Jones, Llangwm, a mentrus fyddai ceisio dadlau mai ato ef y cyfeirir yn y ddogfen a luniwyd ryw naw mlynedd ynghynt. Y mae'r ail ddogfen, sy'n perthyn i'r flwyddyn 1761, ac sydd unwaith eto yn cyfeirio at garcharu gŵr o'r enw Huw Jones yng ngharchar Rhuthun, a hynny rhwng mis Hydref 1760 a mis Ebrill 1761, yn ymddangos

15

yn fwy addawol (Archifdy Sir Ddinbych QSD/SR/210/56). Gwyddys, ar sail tystiolaeth llythyron y Morrisiaid a'u cydnabod llenyddol, fod Huw wedi ei garcharu oddeutu'r adeg hon. 'Ai gwir fod Llangwm yng ngwarcha'?' oedd y cwestiwn a ofynnodd William Morris yn llawn cyffro i'w frawd Richard mewn llythyr a luniodd ar 19 Mai 1762 (ML ii 483). Ymhen y mis byddai llythyr a chyfeiriad arall at y stori yn cyrraedd cartref Lewis Morris ym Mhenbryn, Goginan: 'Mae o Huw Langwm Ynghymru, meddynt, roedd yr Hirfardd [Evan Evans 'Ieuan Fardd' neu 'Ieuan Brydydd Hir'] wedi clywed i fod wedi ei garcharu yn Llyndain am hen ddyled argraph' (ML ii 488). A barnu wrth yr hyn a oedd gan William i'w adrodd wrth ei frawd Lewis, yn Llundain ac nid yn Rhuthun y carcharwyd Huw Jones, Llangwm, a rhaid derbyn nad oedd a wnelo ef â'r ail gofnod swyddogol ychwaith. Ni allai'r gŵr a garcharwyd yn Rhuthun rhwng 1760 ac 1761 lofnodi ei enw ar y ddogfen swyddogol, a dyma brawf arall nad y baledwr o Langwm a garcharwyd ar yr achlysur dan sylw. Ceir ateg bellach yn llythyron y Morrisiaid. Mewn llythyr a anfonwyd at Richard Morris ar 10 Chwefror 1761, esboniodd William Morris: 'Bu Huw Jones o Langwm yma'r dydd arall yn erchi peth o waith y brawd i'w hargraphu, ond mi ai gyrrais o i Benbryn at y gwr ei hun, minau a ddodes iddo a recommendatory letter ynghil ei ddwrn' (ML ii 297). Ailadroddodd y neges drannoeth mewn llythyr at ei frawd, Lewis: 'Pwy a ddeuai yma'r dydd arall ond Hugh o Langwm Fardd (a llythyr iwrth y Foelgoch [Huw Huws 'y Bardd Coch']) i erchi swrn o'ch cywyddau, etc., iw hargraphu yn y *Difyrrwch Teuluaidd*' (ML ii 299). Os ymwelodd Huw Jones, Llangwm, â William Morris yng Nghaergybi ym mis Chwefror 1761, dyma dystiolaeth gadarn mai Huw Jones arall a gadwyd dan glo yn Rhuthun rhwng Hydref 1760 a mis Ebrill 1761.

Hyd y gwyddys ni ddiogelwyd cofnod am y carcharu yn Llundain, ond dygodd Huw i gof yr ysbaid a dreuliodd yng ngharchar Rhuthun yn 1755 yn un o'i anterliwtiau. Yn 1762 yr argraffwyd *Hanes y Capten Ffactor*. Aethai rhyw saith mlynedd heibio er pan garcharwyd ef yn Rhuthun, a gallai Huw bellach gyfeirio at bennod boenus yn ei fywyd mewn ffordd ysgafnach. Yn

Hanes y Capten Ffactor dywed y Trethwr wrth y Cybydd y caiff
ei daflu i garchar Rhuthun oni thâl ei ddyledion:

> Dowch i ffwrdd i Ruthun,
> Mi gym'ra' ichwi siamber tros y flwyddyn;
> Fe gewch gan *goaler* Dyffryn Clwyd
> Eich maethu â bwyd amheuthun.

Ac etyb y Cybydd:

> Ow! hen fulen asw,
> Nid adwen i mo hwnnw …
> Os af i Ruthun, myn fy llw,
> Fy niwedd a fydd marw o newyn. (AHJL 77-8)

Yn yr anterliwt 'Pandosto' daw Sioned, merch y Cybydd, at ei
thad i ofyn am swcwr am fod ei gŵr yn y carchar yn Rhuthun:

Sioned	Fe werthed f'eiddo i yn sydyn.
	Mae'r gŵr yn jêl yn Rhuthun.
Cybydd	Ffitiach i tithe, dweda-i yn hy',
	Fod yno yn ddigelu i'w galyn.

(Llsgr. LlGC 12865A, 40b)

Ymddengys i'r bardd a'r offeiriad William Wynn, Llangynhafal,
ymweld â Huw pan oedd yn y carchar, a lluniodd y ddau yr
englyn hwn ar y cyd:

WW	ai prydudd nod Hylwydd wit ti
HJ	gwhilion a helwyd or heini
WW	Taw yn fydrwydd Canu ni fedri
HJ	Ni thawai chwaith bendith thuw ichwi.

(Llsgr. CM 43, 4)

Diogelwyd un darn arall o dystiolaeth am y carcharu, a hynny
mewn lle braidd yn annisgwyl. Ymhlith tanysgrifwyr y
flodeugerdd *Dewisol Ganiadau yr Oes Hon* a gyhoeddwyd yn
1759 enwir 'Mr, Iohn Parry of Ruthin Goaler'. Ymddengys i Huw
Jones gael ei warchod gan swyddog diwylliedig!

Yr oedd y flodeugerdd a lywiodd Huw Jones trwy'r wasg yn
1759 yn un bur arloesol o ran ei chynnwys. Ceir yn yr ail ran
faledi neu gerddi carolaidd o waith Huw Jones ei hun a beirdd
megis Elis y Cowper, Jonathan Hughes, Llangollen, a Thwm o'r

Nant. Cywyddau, awdlau ac englynion sydd yn y rhan gyntaf, ac er mai'r Parchedig William Wynn, Llangynhafal, Rhys Jones o'r Blaenau ac Edward Jones, Bodfari, sy'n hawlio'r lle amlycaf, yr hyn sy'n ddiddorol heddiw yw ei bod yn cynnwys tair o gerddi Goronwy Owen a ddeuai yn fuan yn eilun i'w gyd-feirdd. 'Oni feddwch eisoes yn eich cof waith Gronwy dysgwch bob Lythyren ohonaw', oedd y cyngor a roes Owain Myfyr i Wallter Mechain ar drothwy'r eisteddfod a gynhaliwyd yn y Bala ym mis Medi 1789, yr eisteddfod gyntaf i'r Gwyneddigion ei noddi (G.J. Williams, 'Eisteddfodau'r Gwyneddigion', 22). A dyma'r farn a leisiodd J.W. Prichard mewn llythyr at Ddewi Wyn o Eifion ym mis Mai 1810: 'Ond am Goronwy, yr oedd yr awen ganddo mor lithrig a'r dwfr, ar lethr, neu faen ar iaen. Efe ydoedd Homer y Gymraeg, a mil i un y bydd bardd o Gymro byth o'i ail' (dyfynnir yn Rheinallt Geraint Llwyd, 'Bywyd Dewi Wyn o Eifion (1784–1841)', 147).

Gellir olrhain pob cam a arweiniodd at y *Diddanwch Teuluaidd* (1763), ail flodeugerdd Huw Jones, trwy lythyron y Morrisiaid. Ysywaeth, y mae hanes *Dewisol Ganiadau* yn fwy annelwig. Ymddengys mai yn ystod 1758 y dechreuwyd ar y gwaith o gasglu deunydd ar gyfer y flodeugerdd. Mewn llyfryn diddyddiad, ond sy'n cynnwys carol plygain a luniodd Huw Jones ar gyfer 1758, gwahoddir y Cymry i danysgrifio ac i archebu eu copïau mewn da bryd: 'Gwybyddwch fod y Llyfr a Elwir Dewisol ganiadau yr oes hon yn barod yw osod mewn Print ar ol Gwiliau'r nadolig pwy bynnag a anfono ei henw o hynny i wyl fair atta fi fe all ei Gael a Dim pellach' (BWB 714). Ymateb cyntaf y Morrisiaid oedd gwneud popeth o fewn eu gallu i sicrhau na chaent eu rhwydo gan y gŵr o Langwm. Rhybuddiodd William Morris ei nai, Siôn Owen, ym mis Hydref 1758: 'Ceisiwch f'eneidiau bawb ddwfr iw long, gan fod y gelynddyn ar eich gwarthaf. This is a comon balad singer, meddynt imi' (ML ii 94). A barnu wrth restr y tanysgrifwyr llwyddodd y tri brawd o Fôn i hwylio o afael Huw Jones; nid enwir Lewis na Richard na William ymhlith y cefnogwyr. Yn wir, ymddengys na welodd Richard Morris y llyfr o gwbl. 'Beth yw'r llyfr yna mae Huw Jones o Langwm ar fedr ei roi allan?' holai mewn llythyr at Ieuan Fardd ym mis Rhagfyr

1760, ryw flwyddyn wedi i *Dewisol Ganiadau* weld golau dydd (ALMA 504). Cafodd Dafydd Jones o Drefriw gymorth parod gan Lewis Morris pan oedd ef yn paratoi *Blodeu-gerdd Cymry*. Ceisiodd Lewis amcangyfrif cost argraffu'r gyfrol, addawodd fwrw golwg dros y *proposals* a chynigiodd sylwadau ar y rhagymadrodd a luniodd Dafydd Jones. Byddai'r berthynas rhwng Huw Jones a'r Morrisiaid yn bur wahanol erbyn 1763 pan ymddangosodd y *Diddanwch Teuluaidd*. Gwaith 'Aelodau o Gymdeithas y Cymmrodorion' a gynhwyswyd yn y flodeugerdd honno ac fe'i hargraffwyd yn Llundain gan William Roberts, 'Printiwr y Gymdeithas'. Yn wir, disgrifiwyd y *Diddanwch Teuluaidd* yn un o gyhoeddiadau swyddogol Cymdeithas y Cymmrodorion er mai enw Huw Jones oedd ar yr wynebddalen. Trafodir y ddwy flodeugerdd hyn mewn pennod arall.

Ymwelodd Huw Jones â Llundain ar sawl achlysur tra cysodai William Roberts y deunydd a oedd i'w gynnwys yn y *Diddanwch Teuluaidd*. Daliodd ar y cyfle a threfnodd fod William Roberts yn argraffu dau waith arall ar ei ran, pamffledyn 24 tudalen, *Cyngor Difrifol i Gadw Dydd yr Arglwydd*, a welodd olau dydd yn 1763, ac anterliwt *Hanes y Capten Ffactor*. Ymddangosodd y gwaith hwn yn ystod misoedd cynnar 1762. 'Daccw Langwm wedi picio i Gymru i werthu rhyw enterlud a wnaeth ei hun, ac a brintiodd yma', meddai Richard Morris mewn llythyr at ei frawd Lewis ar 28 Mai 1762 (ML ii 486). A barnu wrth dystiolaeth y pennill sy'n cloi'r chwarae, yn 1762 y lluniwyd yr anterliwt. Tybed ai yn ystod ei arhosiad yn Llundain yr ysgrifennodd Huw hi?

> Mil saithgant, dwy a thrigen
> Oedd oed ein perchen pur
> I'w gyfri' yn lân olynol,
> Sancteiddiol weddol wŷr,
> Pan wnaed y chw'ryddieth fwynedd
> Mor lluniedd yn ei lle;
> Ffarwél i'r lân gyn'lleidfa,
> Duw a'ch dygo i noddfa'r Ne'. (AHJL 139)

Richard Marsh o Wrecsam a argraffodd ail anterliwt Huw

Jones, sef *Histori'r Geiniogwerth Synnwyr*. Nid oes dyddiad ar yr wynebddalen, ond gwyddys fod Richard Marsh yn dilyn ei grefft fel argraffwr yn Wrecsam erbyn 1772, a bernir mai yn ystod y flwyddyn honno neu yn fuan wedyn y gwelodd yr anterliwt hon olau dydd. Enwir Dug Bedford a John Wilkes mewn un pennill, a dadleuodd G.G. Evans mai oddeutu 1765 y lluniwyd yr anterliwt er y gellid ei dyddio oddeutu 1763 pan ddaeth John Wilkes i amlygrwydd am y tro cyntaf. Bu'n rhaid i John Wilkes ffoi i Ffrainc yn 1763 wedi iddo gael ei gyhuddo o athrod ond pan ddychwelodd i Loegr yn 1768 hawliodd sylw drachefn, a bu iddo ran amlwg ym mywyd gwleidyddol Lloegr trwy gydol y saithdegau. Daeth 'Belle Isle March' yn boblogaidd yn Lloegr tua diwedd y Rhyfel Saith Mlynedd (1756–63). Seiliwyd un o ganeuon yr anterliwt ar yr alaw, ac os lluniwyd yr anterliwt tua 1765 diau mai dyma un o'r enghreifftiau cyntaf o'r alaw honno mewn cyd-destun Cymreig. Yn 1767 y lluniwyd yr anterliwt goll 'Hanes Castell Dinas Brân'.

Enwir John Wilkes ar bedwar achlysur yn *Protestant a Neilltuwr* unwaith eto, ac er mai yn 1783 yr ymddangosodd pedwaredd anterliwt Huw Jones (o wasg Thomas Wood yn yr Amwythig), teg tybio ei bod hithau wedi ei llunio tua diwedd y chwedegau. Ar ddechrau'r chwarae cyfeiria Ffalster, y Ffŵl, at yr Arglwydd Bute a fu'n brif weinidog am ysbaid fer rhwng 1762 ac 1763. Un arall a enwir yng nghwrs yr anterliwt yw Elis y Cowper; sonnir am ei anterliwt *Gras a Natur* a argraffwyd yn 1769, ac ar sail y ddau gyfeiriad hyn ymddengys mai tua 1769–70 y lluniwyd *Protestant a Neilltuwr*. Anterliwt arall a luniwyd tua'r un adeg, ac sy'n cynnwys cyfeiriad at John Wilkes, yw 'Tair Rhan Oes Dyn' Elis y Cowper. Copïwyd y gwaith hwnnw cyn 1771.

Mewn llawysgrif y diogelwyd yr anterliwt 'Pandosto'. Yn y gân sy'n cloi'r chwarae deisyfir llwyddiant i'r brenin George fel y gwneir yn *Hanes y Capten Ffactor*, ac awgryma'r cyfeiriad at y gelynion yn Ffrainc mai i flynyddoedd y Rhyfel Saith Mlynedd y perthyn y gwaith:

Duw, cadw'r dyrnas wiwras ore
Rhag syrthio i ffroene Ffrainc,
A George ein brenin, gwreiddyn graddol,
I gadw ei bobol, gwrol gainc. (Llsgr. LlGC 12865A, 53b)

Ymddangosodd un anterliwt arall o waith Huw Jones mewn print. Unwaith eto nid oes dyddiad ar yr wynebddalen ac nid tasg rwydd yw ceisio pennu pa bryd yn union y lluniwyd hi. Yn wahanol i *Hanes y Capten Ffactor*, *Histori'r Geiniogwerth Synnwyr*, *Protestant a Neilltuwr* a 'Pandosto', cywaith yw *Y Brenin Dafydd*. Nodir yn glir ar yr wynebddalen mai Huw Jones a Siôn Cadwaladr a'i lluniodd, ac yn araith gyntaf Cecryn, y Ffŵl, disgrifir yr hyn a ddigwyddodd:

Fe ddwede un, "Gwrando, Neli,
Ai chware newydd ydy?"
Medde'r llall, "Os wy' yn y byd
Os gweles-i un munud mo'ni".

"Ie", medde un arall gwedi,
"Gwaith Siôn o'r Bala ydy".
"Ha!" medde hithe, "myn gwaed y cawr,
Nid oes ynddi hi fawr ddaioni".

Ond ebr rhyw luman lledlwm,
"Nage, Huw o Langwm".
Ond ebr morwyn y Tai yn y Foel,
"Nid oes arni na choel na chwlwm" ...

Yna medde hithe Gwenno,
"Fe ddarfu i'r ddau gytuno;
Mi 'gweles yn cerdded o bob man
I'r Tŷ Isa' yn Llan i'w llunio". (*Brenhin Dafydd* 3-4)

Lluniodd Siôn Cadwaladr ddwy anterliwt ond mewn copi llawysgrif yn unig y diogelwyd y rhain. Peth cyffredin oedd cloi'r chwarae trwy ddeisyf bendith Duw ar y brenin. Dymuniad Huw Jones ar ddiwedd *Hanes y Capten Ffactor* oedd:

Duw, cadw George y Trydydd,
Ein llywydd ym mhob lle,
A Charlotte, ein brenhines,
Yn gynnes gydag e. (AHJL 138)

Yn yr un modd, lleisia Siôn Cadwaladr ei ddymuniad yn ei anterliwt 'Gaulove' y bydd i Dduw amddiffyn 'ein brenin uchel riddin'. Myn hefyd 'amddiffynfa i frenin Brusia' (CM 39, 128). Daeth Ffredrig Fawr yn frenin Prwsia yn 1740 ac aeth ati yn syth i geisio diogelu ffiniau ei wlad ac i ehangu ei diriogaeth. Meddiannodd Silesia y flwyddyn honno a throes ei olygon at Sacsoni yn 1756, gweithred a arweiniodd at y Rhyfel Saith Mlynedd. Bu Lloegr a Phrwsia yn gynghreiriaid yn ystod y blynyddoedd hyn, ac y mae diweddglo 'Gaulove' yn dyst i barodrwydd Cymry cyffredin y ddeunawfed ganrif i dderbyn ac i gymeradwyo polisïau llywodraeth y dydd. Un arall a leisiodd ei ymateb i'r rhyfel oedd Ieuan Fardd. Er iddo feirniadu'n huawdl yr arfer o benodi esgobion di-Gymraeg a gwrth-Gymreig, nid oedd yntau yn llai teyrngar na Siôn Cadwaladr. Lluniodd awdl yn null awdlau'r Gogynfeirdd i Frenin Prwsia 'am guro'r Ffrancod yn Rhosfach, Tachwedd 5med, 1757', a dathlodd wrhydri y 'llew prysur yng nghammon' a'r 'Gwr drud yn esgud wasgar galon' (D. Silvan Evans, gol., *Gwaith y Parchedig Evan Evans*, 81). Y mae'n bur sicr mai yn ystod y Rhyfel Saith Mlynedd y lluniwyd 'Gaulove', ac ar sail yr hyn sy'n hysbys am symudiadau Siôn Cadwaladr rhaid ei hamseru yn ystod blynyddoedd cyntaf y rhyfel hwnnw. Yn y flwyddyn 1758 carcharwyd Siôn cyn ei alltudio i Pennsylvania am saith mlynedd, a hynny, fe ymddengys, am ddwyn hanner coron. Gwadu'r cyhuddiad a wnaeth Siôn yn y faled a luniodd cyn ei alltudiaeth; awgryma iddo gael ei gyhuddo ar gam a gobeithia y caiff ddychwelyd i'w gynefin maes o law (BWB 73). Gwireddwyd ei ddymuniad a dathlwyd ei ddychweliad mewn baled gan Ddafydd ab Ioan: 'Croeso i Ioan Cadwalader, y prydydd; Yr hwn trwy gerydd anrhugarog a gafodd ei Dransportio o Ddolgellau, yn 1758, dros saith flynedd, ac a ddychwelodd adre y flwyddyn hon 1766, yw chanu ar Charity Meistres' (BWB 768). Cyfeiria Siôn Cadwaladr yn anuniongyrchol at ei alltudiaeth yn yr anterliwt 'Einion a Gwenllïan', a rhaid mai ar ôl 1766 y lluniwyd hon. Ni chrybwyllir yr alltudiaeth yn *Y Brenin Dafydd* a gallai hynny awgrymu ei bod wedi ei llunio cyn 1758. Ensynnir yn y cywaith fod Siôn Cadwaladr newydd briodi. Gan fod Siôn yn cyfeirio at ei wraig a'i blant yn y faled a luniodd cyn ei alltudiaeth, dyma awgrym mai i'r pumdegau y perthyn yr anterliwt; ni fyddai achos i gyfeirio at y briodas mewn anterliwt a luniwyd yn y chwedegau. Os felly y mae'r cywaith yn rhagflaenu'r tair anterliwt a luniodd Huw Jones ei hun ac a ymddangosodd mewn print. Edrychir yn fwy manwl ar y gweithiau hyn, ac ar *Y Brenin Dafydd*, mewn pennod arall.

Y mae un cwestiwn sy'n ymwneud â'r anterliwtiau nad oes modd ei ddatrys, ysywaeth. Disgrifia *Y Gwyddoniadur Cymreig* (1892) Huw Jones yn 'fardd chwareuyddol enwog', ac ategodd Thomas Parry hynny ryw ganrif yn ddiweddarach: 'Fe ddywedir mai gwas ffarm ydoedd wrth ei alwedigaeth, ond y mae'n sicr ei fod yn ennill ambell geiniog trwy ganu a gwerthu baledi ac actio anterliwtiau' (Thomas Parry, 'Yr hen ryfeddod o Langwm'). Aeth H. Parry Jones cyn belled â honni ei fod yn 'leading player in Interludes' (TCHSDd 4 (1955), 67). Bûm innau yn fy nhro yn euog o gynnwys datganiad i'r un perwyl yn y cofnod ar Huw Jones yn y *Cydymaith i Lenyddiaeth Cymru* (1997). Ond a oes tystiolaeth fod Huw Jones yn cymryd rhan yn y chwarae? Y mae lle i gredu fod barn sawl sylwebydd wedi ei lliwio gan yr hyn sydd gan Dwm o'r Nant i'w ddweud yn ei hunangofiant. Rhydd Twm le amlwg i'w ymwneud â'r anterliwt (a hynny ar draul trafod pynciau eraill, megis ei faledi niferus a'i ymwneud â'r eisteddfodau a gynhaliwyd yn wythdegau a nawdegau'r ddeunawfed ganrif o dan nawdd y Gwyneddigion), a dengys i'r cyswllt ddechrau pan oedd yn ei arddegau:

> Ond cyn fy mod yn ddeuddeg oed, fe gododd saith o lanciau Nantglyn i chware *interlute*, a hwy a'm cymerasant gyda hwynt, rhwng bodd ac anfodd i'm tad a'm mam, i chwarae 'part' merch, oblegid yr oedd gennyf lais canu, a'r gorau ag oedd yn y gymdogaeth. (G.M. Ashton, gol., *Hunangofiant ... Twm o'r Nant*, 32)

Maes o law byddai Twm yn llunio ei anterliwtiau ei hun ac yn cymryd rhan flaenllaw ynddynt. Cymerwyd yn ganiatâol fod pob anterliwtiwr yn cymryd rhan yn y chwarae, ond nid yw hynny'n dilyn. 'Daccw Langwm wedi picio i Gymru i werthu rhyw enterlud a wnaeth ei hun, ac a brintiodd yma', meddai Richard Morris mewn llythyr at ei frawd, Lewis, ddiwedd Mai 1762 (ML ii 486). Ymhen rhai wythnosau byddai William yn cael achlysur i gyfeirio ato: 'Dim hanes am Langwm, chware neu warau anterlywt y mae rwy'n tebyg' (ML ii 503). Dyma'r unig dystiolaeth annibynnol y daethpwyd o hyd iddi, ac nid yw hithau yn gwbl gadarn gan mai dyfalu – 'rwy'n tebyg' – yr oedd William Morris. At hyn, rhaid cofio awgrym Huw Jones mai testun a luniwyd i'w ddarllen oedd *Hanes y Capten Ffactor* yn y lle cyntaf:

> Pwy bynnag a ddarlleno
> Y cwbwl oll sy ynddo
> A'i ystyried o drosodd yn ddi-feth,
> Caiff siampal bach, gobeithio. (AHJL 137)

Nid yw'r sylw a ganlyn sydd gan Dwm o'r Nant yn ei hunangofiant yn taflu llawer o oleuni ar y dirgelwch ychwaith. Dywed Twm iddo lunio anterliwt pan oedd yn bedair ar ddeg ac iddo ei rhoi i Huw Jones, ac iddo yntau yn ei dro ei gwerthu am chweugain i lanciau Llandyrnog. Ganed Twm o'r Nant yn 1739 a rhaid dyddio'r digwyddiad uchod oddeutu 1754. Ni ddatgelir ar ba sail yr enillasai Huw Jones ei enwogrwydd; ni honnir ychwaith ei fod yn awdur anterliwtiau na'i fod yn canlyn anterliwt:

> Mi wneuthum *Interlute* cyn bod yn 14 oed yn lân i ben; a phan glybu 'nhad a'm mam nid oedd i mi ddim heddwch i'w gael; ond mi beidiais â'i llosgi; mi a'i rhoddes i Hugh o Langwm, prydydd enwog yn yr amser honno; yntau aeth hyd yn Llandyrnog ac a'i gwerthodd am chweugain i'r llanciau hynny, pa rai a'i chwaraeasant yr haf canlynol. Ond ni chefais i ddim am fy llafur, oddieithr llymaid o gwrw gan y chwaraeyddion pan gwrddwn â hwynt. (G.M. Ashton, gol., *Hunangofiant ... Twm o'r Nant*, 33)

Nid oes dim yn yr anterliwtiau eu hunain sy'n profi fod Huw Jones yn un o'r actorion. Ar ddechrau ac ar ddiwedd *Y Brenin Dafydd*, er enghraifft, cyfeiria'r awduron atynt eu hunain; soniant hefyd am y rhai a gymerai ran yn y chwarae ac nid oes awgrym eu bod yn eu cyfrif eu hunain ymhlith yr actorion:

HUW JONES O LANGWM

Dymuned, gwmni mwynion,
Na fwriwch fai ar y chwryddion,
Ac nid rhaid mo'u canmol, gwmni ffel,
Wŷr haeddol, ond fel yr haeddon'.

Ac eto, 'r cwmni purffydd,
Na wnewch mo'r brad dau brydydd;
Fe fuon nhw byw (a dweud y gwir)
Mewn blinder hir o'i herwydd. (*Brenhin Dafydd* 87)

Serch hynny, y mae un pennill yn y faled hunangofiannol a
luniodd Huw Jones pan oedd yn y carchar yn 1755 yn awgrymu
iddo ganlyn anterliwt ar un adeg yn ei fywyd, er mai yn ystod y
degawd canlynol, fel y gwelwyd, y lluniwyd *Hanes y Capten
Ffactor*, *Histori'r Geiniogwerth Synnwyr* a *Protestant a
Neilltuwr*:

Finne a fûm yn ifanc gynt yn byw mewn helynt hwylus,
Yn cael gorfoledd ym mhob man a dyddie anrhydeddus;
Mi fûm felly dros ryw hyd heb hidio dim am bethe'r byd,
Yn cael cymdeithion freulon fryd a cheraint i gydchware;
Rhois flode f'amser, dyner dwyn, mewn llan a thre' a lle a llwyn
I bob rhyw lodes gynnes gŵyn a fydde mwyn i minne. (BWB 196A)

Ar sail y llinellau isod yn y farwnad a ganodd Robert Williams i
Siôn Cadwaladr, gellid tybio ei fod yntau wedi profi cyfnod diofal
wrth iddo ddilyn y chwarae o le i le:

Crwydrad a gwibiad oedd gynt,
Anhwylus yn ei helynt.
Rhodiennydd â rhyw dyniad,
Ei dreigl oedd, i dref a gwlad.
Er i lawer arlwyo,
Ni heuai, ni fedai fo.
Ei hun fel aderyn daeth
O'r llwyn heb ddarpar lluniaeth.
(A. Cynfael Lake, gol., *Blodeugerdd*, 176)

Lluniodd Huw Jones 'dau benill o ffarwel I Enter liwt', a dyma'r
dystiolaeth sicraf iddo gymryd rhan yn y chwarae (a derbyn ei
fod yn ei gynnwys ei hun yn 'y ni' dan sylw). Dyma'r pennill
cyntaf:

Y ni a fuon, dynion dawnus, rai call araul mwyn cellweirus,
Yn dilyn chwryddieth, afieth ofer, gwnaen dynnu'n hirfaith, dyna'n
  harfer:
Rhodio'r wlad mewn rhad anrhydedd gyda'n chware, geirie
  gwaredd,
Cael cwrw clir hyd y sir, a difyr oedd dyfod
I drin oferedd puredd parod yn llwyr, a darnio llawer diwrnod;
Cael cwmni'r glân rianod gwynion i gadw mabieth gyda meibion,
Cael ym mhob man, tre' a llan, ddiddan iawn ddyddie,
Cael yn ein brig, fawledig flode, parch a chariad, euraid orie.

(Llsgr. CM 41, i, 156)

I'r un cywair y perthyn y gerdd 'Marwnad Anterliwt' o waith
Arthur Jones, Llangadwaladr, gŵr arall y gwyddys iddo lunio
anterliwtiau (O.M. Edwards, gol., *Beirdd y Berwyn*, 82). Yn y
naill gerdd fel y llall rhoddir mynegiant i asbri'r llanciau a
ganlynai'r anterliwt ac ymglywir â'r bwlch yn eu bywydau wedi
i dymor y chwarae ddirwyn i ben:

> Mi gowson ddigon o lawenydd
> Wrth golli amser, eger ogwydd,
> Ffeind oedd chware caru a rhodio,
> Ni ddaliwn ati flwyddyn eto ...
> Ni gowson gywir barch a chariad
> Drwy beder sir mewn difyr dyfiad;
> A merched glân, fawr a mân, yn trotian i'n tretio,
> Clyche'n seinio, canu a dawnsio,
> Yr hyn yn lwcus yr wy'n i leicio.

Y mae'n amlwg fod Huw Jones a gwŷr megis Elis y Cowper,
Twm o'r Nant, Siôn Cadwaladr a Dafydd Jones o Drefriw yn troi
yn yr un cylchoedd a'u bod oll yn gwasanaethu eu cyd-Gymry
trwy ddarparu deunydd poblogaidd ar eu cyfer. Fel Huw Jones,
lluniai Twm faledi ac anterliwtiau, a chyfrannodd ddeunydd i'w
gynnwys yn *Dewisol Ganiadau*. Cafodd Twm, fel y gwelwyd,
achlysur i gyfeirio at Huw Jones, Llangwm, yn yr hunangofiant
a luniodd ym mlynyddoedd cynnar y bedwaredd ganrif ar
bymtheg ac a gyhoeddwyd yn *Y Greal* yn 1805. Bu Twm yn hel
atgofion, ac yn ail-fyw rhai o brofiadau ei orffennol, ryw ddeng
mlynedd ynghynt, ac esgorodd ei fyfyrio ar y cywydd 'Hanes

Henaint a Threigl Amser'. Yn hwn cofia Twm am ei gyfeillion bore oes ac am y cyd-brydyddion hynny yr oedd angau bellach wedi eu cipio, a Huw Jones yn eu plith:

> O! mor werthfawr harddfawr hyf,
> Ac anwyl fyddai genyf,
> Gwrdd Huw Sion, a'i gyson gerdd,
> Bardd Llangwm, bwrdd llawengerdd.
> (I. Foulkes, gol., *Gwaith Thomas Edwards*, 391)

Yr oedd Elis y Cowper yn un arall a enillodd fri yn ei ddydd ar gyfrif ei faledi a'i anterliwtiau. Adar o'r unlliw oedd Huw Jones, Dafydd Jones ac Elis y Cowper yng ngolwg Gwilym Lleyn:

> Yr oedd Hugh Jones, o Langwm, Dafydd Jones, o Drefriw, ac Elis Roberts, y *cooper*, yn gyfoeswyr, ac yn gyfeillion gwresog. Crach-brydyddion oedd y tri, a hoff iawn o gwmni Syr John Heidden; a'r tri yn fath o ddigrifwyr; canent yn ddigrifol a chellweirus, yn ol fel y byddai y cwmni, ac yn aml gwnaent wawd o bethau crefyddol. (*Llyfryddiaeth y Cymry* 450)

Ymddengys mai'r hanesyn a ganlyn a adroddwyd yn *Y Gwyliedydd* ym mis Ionawr 1828 a ysgogodd y sylwadau hyn:

> Ymgyfarfu yngyd ar Nos Nadolig dri o Brydyddion clodfawr yn eu hamser, sef Hugh Jones o Langwm, Dafydd Jones, neu Dafydd Sion Dafydd o Drefriw, ac Ellis y Cowper, a threuliasant oriau cynnaraf y nos mewn ymadroddion Prydyddawl a difrifwch. Pan dreuliasant oriau lawer, hyd hanner nos yn y modd hynny, attolygodd Dafydd Jones arnynt ymbwyllo, cofio pa amser yr oeddynt yn ei gam-arferu mor ddifeddwl, ac mai eu dyledswydd hwynt, a disgwyliad y byd, oedd, i dri o Brydyddion wneuthur defnydd amgenach o'u talentau. Gadewch i ni, eb yr hynafgwr hybarch, gyfansoddi Carol Plygain rhyngom. Gyd âg ewyllys calon, attebai Ellis yn gellweirus, dechreuwch chwi, a ninnau a ganlynwn yn olynol. Wedi rhyw faint o fyfyrio, dywedodd Dafydd Jones, gyd âg eithaf difrifwch—"Wel dyma y boreuddydd y ganwyd ein Harglwydd". Attebodd Ellis yn ebrwydd—"Daeth Dafydd Sion Dafydd a'r newydd i ni". Ar hynny, gwelodd Hugh Jones nad oedd fawr obaith am lwyddiant yn eu gorchwyl, a dywedodd—"Ni chawn ni ddim Carol i'w ganu'n blygeiniol, Ond hyn yma'n olynol y 'leni". (t. 56)

Bu Siôn Rhydderch ar drothwy'r ddeunawfed ganrif yn annog y prydyddion i gynnal eisteddfodau 'i geryddu camgynghanedd, i egluro y pethau towŷll a dyrus, ac i wirio yr hyn sydd gywir mewn celfyddŷd Prydyddiaeth yn yr Iaith Gymraeg' (dyfynnir yn Hywel Teifi Edwards, *Yr Eisteddfod*, 19). Rhoddid rhybudd yn yr almanaciau ynglŷn â'r cyfarfodydd hyn, a gwyddys fod sawl cyfarfod o'r fath wedi eu cynnal ym mhob rhan o Gymru yn ystod y ganrif. Mewn eisteddfod a gynhaliwyd yn Llansannan ar 29 Medi 1769 bu Huw Jones, Elis y Cowper a Thwm o'r Nant yn llunio englynion 'I'r Seren Gynffonnog', 'I'r Delyn', 'I'r Cynhaeaf Gwlyb', 'I Lansannan' ac 'I Henllan a'i Chreigiau'. Cofnodwyd y cerddi gan Owain Myfyr, a cheisiodd briodoli naws ganoloesol i'r achlysur trwy ailfedyddio'r beirdd yn Huw ap Siôn, Elis ap Robert a Thomas ab Iorwerth (Llsgr. BL Add 14968, 155a). Ar achlysur arall cymhellwyd Huw Jones i fynegi ei siom 'achos na ddaithe'r prydyddion i mewn yn ol ei addewid ir eisteddfod'. Clywir ei anniddigrwydd mewn cyfres o bedwar englyn. Dyma'r ddau gyntaf:

> Eisteddfod hynod yw henwi, ydoedd
> I odiaeth Gwmpeini,
> Dedwddol gan dad iddi,
> Gwahoddwyd anogwyd ni.

> Daethon yn gyson i geisio Cynal
> An Caniad ddi gyffro,
> Gelfyddyd wen bryd in bro,
> Eiriau Llaethredd rhag llithro. (BWB 95A)

Ond, fel y gellid disgwyl, byddai llawer o'r cyfarfodydd yn rhai anffurfiol a damweiniol. Byddai'r beirdd hyn yn taro ar ei gilydd yn gyson ar eu teithiau, ac y mae'n siŵr y caent eu cymell i ymryson â'i gilydd ac i lunio englynion ar bob math o bynciau wrth fwynhau llymaid. Ar un achlysur bu Huw Jones, Elis y Cowper a Dafydd Jones o Drefriw yn llunio englynion i Frenin Prwsia, a diau mai yn ystod y Rhyfel Saith Mlynedd a ddaeth i ben yn 1763 y digwyddodd hynny (Llsgr. LlGC 1595E, 189b). Ar achlysur arall bu Huw Jones, Elis y Cowper a Thwm o'r Nant yn

llunio englynion i'r Sein, ac nid anodd credu mai'r arwydd y tu
allan i dŷ tafarn a awgrymodd y pwnc hwn iddynt (*ibid.*). Bu
Huw Jones a Dafydd Jones o Drefriw yn cyfnewid englynion
unodl union ac englynion proest. 'Bardd gweddys bur dda
gwyddon yw Huw / ai Hoewedd fadroddion', yn ôl Dafydd Jones, a

> prydydd da i gynydd di goll
> hoff eirdda boen ai ffordd bell
> hoew Jawn gwyn mae huw n gall
> o eiliw pur am eilio pill. (*ibid.*)

Byddai beirdd Môn, hwythau, yn cwrdd yn gyson a byddai'r
naill yn annerch y llall ar fesur yr englyn ran fynychaf. Ar sawl
achlysur buwyd yn ymryson â beirdd y siroedd eraill, ac esgorodd
un rhyfel farddol rhwng beirdd Môn ac Arfon ar 74 englyn a sawl
cywydd hirfaith. Er mai ymryson rhwng Siôn Tomas Owen o
Fodedern ym Môn a Michael Prichard o Arfon ydoedd hwn yn ei
hanfod, ymddengys mai Lewis Morris a'i hysgogodd, a chyn iddo
gefnu ar Fôn ac ymsefydlu yng Ngheredigion bu iddo ran amlwg
yn nifer o'r ymrysonau eraill a fu yn ei sir enedigol. Bu'r
ymrysonau yn gyfrwng cynnal diddordeb yn y mesurau
traddodiadol ond anogwyd y beirdd hefyd i feistroli eu cyfrwng.
'Nid oes niwed er cael o honom ychydig hogi ar ein cerdd mwya
blaenllym', oedd barn Lewis am yr ymrysonau hyn (dyfynnir yn
Dafydd Wyn Wiliam, *Cofiant Lewis Morris 1700/1–42*, 110). Ac
ar achlysur anffurfiol o'r fath, mewn tafarn yn Llanrwst, yr aeth
Goronwy Owen ac Elis y Cowper benben, fel y tystiodd y blaenaf:

> Mi fum i unwaith ynghwmni Elis yn Llanrwst, er's ynghylch 14
> blynedd i rwan, yn ymryson prydyddu *extempore*, ac fe ddywaid fy
> mod yn barottaf bachgen a welsai erioed. (J.H. Davies, ed., *The
> Letters of Goronwy Owen*, 128)

Bu'r achlysur hwnnw yn hunllef i'r gŵr o Fôn, oblegid, 'cyn y
diwedd, ni was'naethai dim oni chai o a lleban arall o Sîr Fôn
oedd yn ffrind iddo, fy lainio i' (*ibid.*).

Ceir cipolwg arall ar ymwneud yr awduron hyn â'i gilydd
mewn un dosbarth arbennig o faledi. Yr oedd yfed te, arfer
cymharol newydd yn y ddeunawfed ganrif, yn un thema a

groesawyd yn afieithus gan y baledwyr. Yn y cerddi hyn y merched fel arfer sy'n yfed te, a gresynir eu bod yn afradu eu harian prin ar drwyth dail estron ac yn treulio eu hamser gwerthfawr yn eistedd ar eu penolau yn chwedleua ac yn segura. Mewn rhai cerddi cyflwynir brwydr rhwng y newydd-estron a'r brodorol, neu rhwng canlynwyr y te (Morgan Rondl) a chanlynwyr y cwrw (Syr Siôn Heidden). Yn un o'r cerddi a luniodd Huw Jones ('Y chwi, foneddigion haelion hylwydd'), datgelir mai 'baledwyr a phrydyddion' oedd prif gefnogwyr Syr Siôn ac nad oedd un yn fwy brwd o'i blaid ac yn fwy llawdrwm ar y gelyn, Morgan, nag Elis y Cowper:

> Ni weles-i undyn cyn fileinied
> Ag oedd y Cowper o Landdoged
> Am wneud i'r ffured ffo'. (BWB 77A)

Dywed Huw ei fod ef ei hun yn aelod o blaid Morgan. Mewn baled arall ar yr un pwnc a luniwyd tua'r un adeg ('Pob gŵr a fu a geir i Fôn') myn Huw fod Elis y Cowper ymhlith cefnogwyr Morgan Rondl y tro hwn ond ei fod ef ei hun yn driw i Syr Siôn Heidden (BWB 482). Nid oes amheuaeth na fyddai pwnc hwyliog fel hwn yn apelio at Gymry cyffredin yr oes, a byddai'r modd y dewisai'r naill faledwr greu hwyl ar draul y llall yn ychwanegu at y difyrrwch. Cyfrannodd Elis y Cowper at yr asbri trwy lunio ei faled ei hun ar yr un thema. Cyhuddodd ef Huw Jones o gefnu ar ei hen gyfaill, Syr Siôn Heidden, ac ymuno yn rhengoedd Morgan:

> Ond Huw, o Langwm a fodlonodd,
> I gymryd Morgan bâch oi Wirfodd
> Sion oedd gynt ei ffrynd galluog
> Fo brifiodd iddo'n ffals gynddeiriog
> Nodidog i'w fo am Dê. (BWB 876)

Mewn baled arall a luniodd Elis y Cowper oddeutu 1765 awgryma ei fod ef a sawl bardd arall yn ddeiliaid i'r Tywysog Diogi:

Rwy ymhob lle yn deilio llawer
A Huwcyn Llangwm a Lisa'r Cowper
Ar ol iddynt hwy a myfi orphen:
mi af gynta ag allwyf at Fardd Llan gollen
Gan Dwm or Nant caf letty noswaith
Gan Ddeio o Lanfair mi gaf liniaeth. (BWB 642)

Y mae'r cerddi a luniodd Huw Jones ar yr ymgiprys rhwng y
te a'r cwrw yn datgelu gwedd amgen ar y difyrrwch a gynigid, ac
ar yr un pryd yn cynnig peth goleuni ar y rhwydwaith cymhleth
a oedd yn dwyn ynghyd yr amryfal haenau yr oedd a wnelont â
diwydiant baledol ffyniannus y ddeunawfed ganrif. Yn y gerdd
'Pob gŵr a fu a geir i Fôn' enwir Thomas Mark ymhlith
cefnogwyr Syr Siôn Heidden, a dengys yr wynebddalen mai ef a
werthai'r llyfryn a gynhwysai'r gerdd (BWB 482). Fe'i henwir
hefyd ymhlith tanysgrifwyr *Dewisol Ganiadau* er na chofnodir ei
swydd na'i gynefin. Ef hefyd a werthai'r llyfryn a gynhwysai'r
gerdd o waith Elis y Cowper y cyfeiriwyd ati, ac fe'i henwir yn y
faled honno:

Roedd Tomas Marc, a chlarc i'w galyn,
Yn brâs gammu yn bur ysgymmyn;
O eisiau Caffael Sion foreuddydd,
A Sion y Nos a Sion ganolddydd. (BWB 876)

Y mae'n amlwg, felly, fod i'r gwerthwr, yntau, ran yn y difyrrwch.
Enwir y gwerthwr Evan Ellis yn yr un faled, a thrachefn mewn
baled arall o waith Huw Jones sy'n ymwneud â'r un thema, sef
'Breuddwyd y Prydydd; neu, weledigaeth ofnadwy, A welodd efe
ynghylch Morgan Rondol':

Gan faint y ffrwst, y trwst a'r trystio
A chadw dwndwr, a chodi a dondio,
Mi weles Ifan y baledi
A llu o wragedd oll i'w regi
Am ganu rhyw gerddi gwag. (BWB 715)

Evan Ellis oedd hwn ac nid oes amheuaeth nad ef oedd prif
werthwr y baledi a luniwyd gan Huw Jones. Daeth yn bur
adnabyddus yn rhinwedd ei waith fel gwerthwr. Gwyddai
Goronwy Owen amdano a chafodd achlysur i gyfeirio ato. Er

mwyn deall a gwerthfawrogi'r berthynas rhwng Huw Jones ac Evan Ellis, da fyddai oedi i ystyried natur y diwydiant baledol yn y ddeunawfed ganrif. Er mai yn ystod y ddeunawfed a'r bedwaredd ganrif ar bymtheg y ffynnai'r faled, yr oedd gwahaniaeth pendant rhwng y ddwy ganrif hynny. Yn y lle cyntaf, yr oedd baledi'r ddeunawfed ganrif yn llawer mwy cymhleth eu crefft a'u gwead na'r cerddi a luniwyd yn y ganrif nesaf. Yn ail, y gogledd oedd canolbwynt y gweithgarwch a gafwyd yn y ddeunawfed ganrif ond erbyn y bedwaredd ganrif ar bymtheg daethai'r de yn llawer pwysicach; denwyd dynion a merched o bob rhan o Gymru i'r cymoedd diwydiannol, ac yr oedd sawl baledwr yn eu plith. Yn drydydd, ymddengys fod swyddogaeth y baledwr yn wahanol yn y ddwy ganrif. Byddai un o faledwyr amlycaf y bedwaredd ganrif ar bymtheg, Richard Williams 'Dic Dywyll', a hanai o Fôn ond a fudodd i Ferthyr Tudful, yn llunio ei gerddi ei hun, byddai yn eu datgan yn gyhoeddus (bu'n cystadlu yn rhai o'r eisteddfodau a gynhaliwyd gan y Cymreigyddion) a byddai ganddo gyflenwad wrth law i'w gwerthu i'w gynulleidfa. Honnir iddo dderbyn wythbunt am werthu un faled ar nos Sadwrn ar hyd strydoedd Merthyr Tudful.

Nid oes tystiolaeth fod Huw Jones, Twm o'r Nant ac Elis y Cowper yn cyflwyno eu cerddi mewn ffair a marchnad, er bod Caledfryn, ac yntau yn blentyn, yn cofio clywed Twm o'r Nant yn datgan carol: 'Y mae yn gof genym ei weled yno [capel y Methodistiaid yn Ninbych], a'i glywed yn canu carol, yn y gwyliau, ychydig cyn ei farwolaeth' (William Williams [Caledfryn], 'Athrylith a gweithion Thomas Edwards, o'r Nant', 134). Nid oes awgrym ychwaith eu bod yn gwerthu'r baledi a oedd yn cynnwys eu gwaith, er eu bod yn ddigon parod i fanteisio ar y wasg argraffu ac i elwa ar y galw am gynnyrch printiedig. Sicrhaodd Twm o'r Nant, Elis y Cowper a Huw Jones fod eu hanterliwtiau yn cael eu hargraffu, a Huw Jones a werthai'r anterliwt *Y Brenin Dafydd* a luniwyd ar y cyd ganddo ef a Siôn Cadwaladr. Y mae'n debyg mai ceisio gwerthu un o'i ddwy flodeugerdd yr oedd Huw Jones pan sarhawyd ef, ac ymatebodd trwy lunio'r englyn a ganlyn: 'Englyn a wnaeth Huw Jones

llangwm ynghastell y Waun o achos ir gweision Ar Meistr ei
Ddiystyru a gwawdio ei lyfrau':

> Y Castell a'r saws sy'n costio *ae*'n danwydd
> Ar Dynion sydd ynddo
> Ar holl gyfoeth boeth y bo
> A chebyst i'r sawl ai achybô. (Llsgr. LlGC 672D, 199)

Llywiodd Twm o'r Nant a Jonathan Hughes gasgliadau
sylweddol o'u caniadau rhydd a'u cerddi caeth trwy'r wasg.
Cyhoeddwyd *Gardd o Gerddi* (1790) pan oedd hi'n fain ar Dwm
o'r Nant. Yr oedd newydd ddychwelyd yn waglaw i'r gogledd yn
dilyn cyfnod yn Llandeilo lle y ffoes rhag ei echwynwyr, a'r peth
cyntaf a wnaeth oedd llunio anterliwt i'w chwarae a chynnull ei
gerddi ynghyd er mwyn eu cynnig i'r cyhoedd. Talodd y fenter ar
ei chanfed: '...a chyda hynny yn cynnull *subscribers* at argraffu
llyfr caniadau; sef *Gardd o Gerddi*. Fe argraffwyd hwnnw yn
Nhrefecca; mi a delais am hynny 52l., ac a ymadewais â dwy fil
o lyfrau' (G.M. Ashton, gol., *Hunangofiant ... Twm o'r Nant*, 48).
Ei awydd i ddiogelu ei waith a ysgogodd Jonathan Hughes i
gyhoeddi *Bardd a Byrddau* yn 1778 ar y llaw arall, ac yntau
erbyn hynny yn nesáu at ei drigain oed. Gwnaeth hynny ar ei
draul ei hun, ac yr oedd yn ymwybodol fod cyhoeddi cyfrol heb
gymorth tanysgrifwyr yn gryn fenter: 'Ystyried y cyfryw, fod
Traul fawr yn mynd i'w hargraphu ... a minneu'n cymryd y draul
arna fy hun i gyd' (t. vii). Aeth ar daith trwy Gymru i werthu
Bardd a Byrddau a chofnododd yr ymateb a gafodd ym mhob sir
mewn cerdd ar ffurf llythyr cyfarch at ei wraig. Bach o groeso a
gafodd yn sir Gaerfyrddin ond daeth mwy o lwyddiant i'w ran
yng Ngheredigion:

> Oddi yno i Gaerfyrddin, at blant Alis Ellmyn,
> 'Chae brydydd cyffredin i'w ddilyn fawr dda:
> Ymadael â'r rhei'ny cyn hir rhag fy nhorri,
> Mi ddoeis i wlad Teifi i letteyfa.
>
> Mi ge's yn Llanbedr, hael gymmwys, hil Gomer,
> 'Roedd yno wyr syber a'u mwynder i mi ...
> (*Gemwaith Awen Beirdd Collen* 94)

Ni wyddys ond y nesaf peth i ddim am y sawl a ddatganai'r baledi yn ystod y ddeunawfed ganrif, ac anodd rhoi cyfrif am y berthynas rhyngddynt a'r awduron. Y mae'n sicr fod degau yn teithio o lan i lan ac yn ennill ambell geiniog am eu gwasanaeth, a hynny gryn bellter o'u cynefin. Un felly oedd Elizabeth Davies. Merch ddwy ar bymtheg oed o Fachynlleth ydoedd, ac fe'i cyhuddwyd o ddwyn o gartref yng nghyffiniau Llanybydder yn sir Gaerfyrddin yn 1798. Dywedwyd amdani, 'She has been accustomed to travel this countrey [sir Gaerfyrddin] during that time singing of ballads' (Maredudd ap Huw, 'Elizabeth Davies: 'Ballad Singer", 17). Da fyddai cael gwybod pa fath o gerddi a ddatgenid ganddi. Diau fod llawer o'r cerddi yn ei *repertoire* wedi eu codi yn wreiddiol o ffynonellau print tra byddai eraill wedi cylchredeg yn helaeth ar lafar. Cofnododd Twm o'r Nant un gân a glywodd mewn tafarn yng Nghaerfyrddin: 'Can Ddeheubartheg i'r Tobacco ar Bib Ysgrifennwyd o ben Elisa Bedler mewn Tafarn yn Heol y dwfr Ynghaerfyrddin, 1785, gan Thos. Edwards, fardd' (Llsgr. LlGC 354B, 84).

Byddai ffidlwr wrth law i gyfeilio pan gâi anterliwt ei chwarae (er bod yr holl gyfeiriadau at gyfeilio yn anterliwtiau Huw Jones yn ymwneud â dawnsio) ac y mae'n bosibl y byddai yn cynnig ei wasanaeth i'r datgeiniaid yn yr un modd. Lluniwyd cerdd gan fardd anhysbys yn 1776 'J ofyn Jr Llancie Jfenc help J Gael fidil J Sion i fidler', oherwydd

> Yr hen fidil aeth ai Swn n o gaeth
> Nid Eill yndyn glowed na gweled moi gwaeth
> Y mae hi heb wad yn byr ddrwg i nad
> mae'n berig am frwchu Ein Merched on gwlad.

O gael ffidil newydd, fodd bynnag, addewir difyrrwch a llawenydd i bob un yn ddiwahân:

> Mae gynddo fo grun awydd J gyredd fidil Newydd
> Chwi gaych Lewenydd gida hon. (Llsgr. LlGC 346B, 244)

Rhestrir tua 400 o alawon yn y casgliad a luniodd y ffidlwr John Thomas, a hanai o'r gogledd-ddwyrain, yn 1752, a gwyddys fod cyfran dda yn hysbys i awduron y baledi a'r anterliwtiau.

Y mae'n siŵr y câi ambell ddatgeiniad gan yr awdur lunio cerdd yn unswydd ar ei gyfer. 'Y pennill uchod a wnaethym yn Ruabon ar y Birth day, ac ai rhoddais i ddyn yw ddatcanu, ac ef a gadd Guinea – ni chefais i ddim', oedd cwyn Twm o'r Nant ar un achlysur (Llsgr. LlGC 348B, 324). Yn ôl y sôn byddai Twm Huw'r canwr, tua diwedd y ganrif, yn mynd yn rheolaidd at Walter Davies 'Gwallter Mechain' i geisio carol y gallai ei datgan yn ystod gwyliau'r Nadolig, a sonia Humphrey Jones (a fyddai'n llunio carolau ei hun yn achlysurol) am y modd y datganodd un o garolau Gwallter Mechain mewn tair eglwys wahanol ar ddydd Nadolig 1786, ac am y modd y rhyfeddai pawb at ddoniau'r awdur:

> Ti enillest glod yn hollol, rhagorol oedd dy gân,
> Dy awen buredd fwyn rywiogedd, cynghanedd loywedd lân;
> Rhai a ofynne imi pwy wnaeth eich carol chwi
> Gan ddweud ei fod yn odieth a chystal ag un bregeth,
> Athrawieth Un a Thri;
> Dôi eraill oddi draw gan ddwedyd yn ddi-fraw,
> "Derbyniodd ddawn ysbrydol oddi wrth yr Arglwydd nefol
> O'i rasol lwyddol law".

Mentra gynnig cyngor i'r bardd ifanc addawol:

> Wrth rodio llwybre gras ti ddoi'n ddewisol was,
> Trwy ochel gwneud yn unlle ryw gnawdol ffôl ganiade,
> Rhigyme o byncie bas. (Llsgr. LlGC 12869B, 66)

Canmolwyd Jonathan Hughes mewn geiriau tebyg gan Ddafydd Ddu Eryri:

> Dilys neu felys foli
> Duw Iôn, orau tôn, wyt ti,
> Nid canu gwawd molawd merch,
> Ac ynfyd foli gwenferch;
> Nid rhoi ar led faledau,
> Llawn gw'radwydd neu gelwydd gau;
> Moli'r Iôn aml ei ras,
> Cu fuddiol waith cyfaddas.
>
> (Siwan M. Rosser, gol., *Bardd Pengwern*, 58-9)

Dichon fod nifer o'r datgeiniaid yn gwerthu baledi. Enwir

Thomas Roberts a William Roberts ymhlith tanysgrifwyr *Dewisol Ganiadau*, a disgrifir y naill a'r llall yn 'Ballad Singer'. Gwyddys fod y ddau hyn yn gwerthu baledi (a llawer o'r cerddi yn y baledi wedi eu llunio gan Huw Jones, Llangwm). Nid yw'r ffin rhwng y ddau weithgarwch o'r herwydd yn amlwg bob tro. Haws adnabod y gwerthwyr na'r datgeiniaid am fod eu henwau yn fynych ar flaenddalen y baledi. Dadleuodd Dafydd Owen yn ei astudiaeth ar y faled Gymraeg mai'r argraffwr ydoedd canolbwynt y fasnach faledol:

> Gan fod cyn lleied o ramant yr annisgwyl yn dod i ran y gwerthwyr mewn perthynas â'u gwaith, a chan nad oedd talent canu gan lawer ohonynt, ni warafunid iddynt o leiaf gael eu henwau ar y baledi, a rhyw safle hanner swyddogol yn sgîl hynny. Diau fod trefniant rhyngddynt yn aml â'r [*sic*] cyhoeddwyr, a chydnabyddiaeth fechan am ddiwrnod o werthu'r ffefrynnau baledol o gylch y tai. (Dafydd Owen, *I Fyd y Faled*, 102)

Efallai nad oedd y sefyllfa mor glir â hynny. Yn un peth y mae'n amheus a fyddai argraffwr hirben yn yr Amwythig neu yng Nghaer yn ymddiried pecyn o faledi i ofal gwerthwr crwydrol gan fodloni ar ei siarsio i dalu amdanynt pan fyddai yn y cyffiniau y tro nesaf. Tâl cofio hefyd mai prin iawn oedd Cymraeg llawer o'r argraffwyr. Sut y caent afael ar faledi Cymraeg? Sut y gallent benderfynu pa ddeunydd a fyddai'n addas a pha ddeunydd a fyddai'n debyg o apelio at y darpar brynwyr? Er ei bod yn ddichonadwy fod Cymry Cymraeg o argraffwyr, megis Siôn Rhydderch yn negawdau cynnar y ganrif a Dafydd Jones o Drefriw yn ail hanner y ganrif, yn cyhoeddi baledi, at ei gilydd haws credu mai'r gwerthwr a enwid ar flaenddalen y baledi ydoedd y gwir *entrepreneur*, a bod llawer o ffyniant y farchnad faledol yn ystod y ganrif i'w briodoli i'w ddycnwch ac i'w ddyfeisgarwch – ac i'w fenter ef. Y mae'n dilyn mai nod y gwerthwyr, yn ddynion ac yn ferched, ydoedd elwa yn ariannol ar y cynnyrch, a gellid disgwyl y gwnaent bopeth o fewn eu gallu i sicrhau prynwyr.

Os derbynnir mai'r gwerthwyr yn hytrach na'r argraffwyr oedd canolbwynt y farchnad, y mae'n dilyn mai eu cyfrifoldeb hwy oedd cynnull y deunydd yn y lle cyntaf. Yn un o'i faledi disgrifia Huw Jones arferion y Cymry ar y Sul. Byddai rhai yn 'trin tobaco', 'rhai'n yfed bir a brandi' a 'rhai'n tyngu a rhegi'. Ond byddai

> Rhai'n chwilied am brydyddion i wneuthur cerddi newyddion
> I fynd i'w lledu hyd bob lle oddi yma i dre' Gaernarfon. (BWB 124)

Er mai anodd erbyn heddiw yw datgordeddu'r llinynnau, ymddengys fod rhwydwaith cymhleth yn cysylltu'r gwerthwr neu'r cyhoeddwr ar y naill law a'r awdur ar y llaw arall, a hynny yn fynych mewn ardaloedd penodol, ac yr oedd y farchnad a oedd yn seiliedig ar lenyddiaeth boblogaidd yn ddibynnol ar y berthynas rhyngddynt. Y mae'n arwyddocaol na chynhwyswyd yr un faled o waith Huw Jones yn yr almanaciau a werthid yn ystod ei oes, ac ymddengys hynny yn dra rhyfedd pan ystyrir bod 33 o gerddi Jonathan Hughes, Llangollen, wedi ymddangos dros gyfnod o 45 mlynedd yn almanaciau Siôn Prys, a bod 19 cerdd o'i waith wedi ymddangos dros gyfnod o 19 mlynedd yn almanaciau Cain Jones. Y mae'n wir nad oedd gan Huw Jones ryw lawer i'w ddweud wrth y sywedyddion a oedd yn proffesu y gallent rag-weld y dyfodol. Ei gyngor mewn un faled oedd:

> Na ddyro mo'th hyder trwy fwynder yn faith
> Ar philosoffyddion, rai gwirion eu gwaith,
> Sy'n tremio'r planede, rhyw gyfle rhy gaeth,
> Heb gofio Duw yn bendant, deg nwyfiant, a'u gwnaeth. (BWB 108)

Eto, anodd credu bod Huw Jones yn anfodlon i'w waith ymddangos mewn almanac. Y mae'n debycach fod rhyw ddealltwriaeth rhwng Jonathan Hughes a'r ddau almanaciwr, a gwyddys fod Jonathan Hughes a John Edwards 'Siôn y Potiau', tad Cain Jones, yn gyfeillion. Yn yr un modd awgryma tystiolaeth y llyfrynnau baledol fod Huw Jones ac Evan Ellis ar yr un donfedd. Diogelwyd cynifer â 92 baled sy'n cynnwys gwaith Huw Jones ac enwir y gwerthwr ar wynebddalen 52 o'r baledi hyn. Hawliai Evan Ellis 25% o'r farchnad. Gwerthai ef 23 o blith y 92 baled, neu un o bob pedair, ac y mae ei gyfraniad hyd yn oed yn amlycach os edrychir ar y baledi yr enwir gwerthwr penodol ynddynt. Gwerthai ef un o bob dwy o blith y 52 sy'n cynnwys enw gwerthwr. Er bod Huw Jones yn ensynio yn y llinellau a ddyfynnwyd uchod bod Evan Ellis yn canu baledi ('Mi weles Ifan y baledi / A llu o wragedd oll i'w regi / Am ganu rhyw gerddi gwag', gw. BWB 715), 'Bookseller' ydyw yn ôl tystiolaeth rhestr tanysgrifwyr *Dewisol Ganiadau*, ac y mae'r disgrifiad hwnnw yn dra phriodol. Dengys *A Bibliography of Welsh Ballads Printed in the Eighteenth Century*, y rhestr werthfawr o faledi print a baratôdd J.H. Davies ar ddechrau'r ganrif ddiwethaf, fod Evan Ellis yn gwerthu 45 baled a hwythau rhyngddynt yn cynnwys cynifer â 111 o gerddi. Gwaith Elis y Cowper a Huw Jones sydd amlycaf o ddigon; cyfansoddwyd chwe cherdd o bob deg a gyhoeddwyd dan enw Evan Ellis gan y ddau faledwr diwyd hyn.

Bu Evan Ellis yn byw am gyfnod yn Llangwm, ac awgryma hynny fod cysylltiadau daearyddol yr unigolion a oedd yn gysylltiedig â'r farchnad faledol yn bwysig. Fel Huw Jones ei hun, ymroes Evan Ellis i gyhoeddi llyfrau, awgrym arall o ddyfeisgarwch y dosbarth hwn o werthwyr crwydrol. Ymddangosodd *Dull Priodas Mab y Brenin Alpha* yn 1758 a *Pererindod Ysbrydol o'r Aifft i Ganaan Tan Rith Breuddwyd* y flwyddyn ganlynol. Dilynir testun y *Pererindod Ysbrydol* gan gyfres o bedwar pennill ar hugain 'Sydd yn gosod allan yn Eglyr ran o'r ystyriaethau Sydd yn y Llyfr hwn, fel y gallo Pawb ei deallt yn haws' (t. 94). Huw Jones a luniodd y rhain, a dyma arwydd arall o'r ymwneud rhwng y ddau ŵr. Ni pherthyn llawer o gamp i'r penillion a luniwyd yn ôl pob tebyg gan Evan Ellis ei hun i dawelu'r tanysgrifwyr a oedd yn aros yn amyneddgar am eu copïau o'r *Pererindod Ysbrydol*, ac nid annichon mai Huw Jones a luniodd y gyfres ddienw o saith pennill ar hugain 'At y Darllenydd crist'nogol' a welir ar ddechrau *Dull Priodas* (t. [iii]). Enwir Huw Jones, Dafydd Jones o Drefriw, Elis y Cowper a Thwm o'r Nant ymhlith tanysgrifwyr *Dull Priodas*, ac enwir Evan Ellis, yntau, ymhlith tanysgrifwyr *Dewisol Ganiadau* Huw Jones a *Blodeu-gerdd Cymry* Dafydd Jones o Drefriw.

Teimlai'r bardd a luniai gerddi ar gais datgeiniad a gwerthwr ei fod wedi cyflawni ei orchwyl wrth iddo drosglwyddo'r deunydd i'r naill neu'r llall. Pan feddyliodd Jonathan Hughes am gyhoeddi casgliad o'i waith bu'n rhaid wrth gryn ymdrech i gynnull y cerddi oblegid 'fod fy holl waith i ar wasgar hyd y wlad, ac nid oedd gan i fy hun o honaw ond ychydig iawn' (*Bardd a Byrddau* v-vi). Cafodd William Jones brofiad nid annhebyg wrth baratoi ei ddetholiad *Llu o Ganiadau*,

> ym mha un y mae amryw o Garolau a Cherddi dewisol, o waith amryw o Brydyddion yr oesoedd a aeth heibio, y rhai na welais i erioed o'r blaen yn argraphedig; ond os bu rhai ohonynt, yr oedd y rhan fwyaf o honynt yn guddiedig mewn hen ysgrifenadau. Felly myfi a gymmerais y boen i'w casglu hwynt ynghyd mewn Llyfr. (t. [iii])

Ychwanegodd, 'Yr achos na roddais mo'r Carolau i gyd yn nesa' at eu gilydd, oedd, na chefais i m'onynt oll ar unwaith, am hynny gosodais hwynt fel y daethant i'm llaw' (*ibid.*). Dadlennol hefyd yw'r hyn a ddywed Jonathan Hughes am ansawdd y cerddi a oedd yn cylchredeg ar lafar ac yn ysgrifenedig:

> A phan gefais i beth o'r gwaith ynghyd, yr oedd ef yn fwy amherffaith nac ar y cyntaf, peth wedi ei gam ysgrifenu, peth arall yn gandryll ac yn fudr, ac arnaw bob math o annhrefn, fel na allasai neb mo'i ddewygio oni bae i mi gymheryd y gwaith arna fy hun. (*Bardd a Byrddau* vi)

Fel yr awgrymwyd eisoes, y mae'r cywydd 'Hanes Henaint a Threigl Amser' yn cynnig peth goleuni ar gysylltiadau llenyddol Twm o'r Nant. Tri o blith ei gyd-feirdd a oedd ar dir y byw pan luniodd y cywydd hwnnw, sef Rhys ap Siôn (Rhys Jones o'r Blaenau), Rolant o'r Bala (Rolant Huw, Graeenyn, plwyf Llangywer) a Bardd Collwyn (Jonathan Hughes, Llangollen). Ceir darlun llawnach yn yr hunangofiant. Yno datgela Twm iddo ddysgu ei grefft fel bardd yng nghwmni rhai o brydyddion ei fro:

> ... mi euthum yn gyfaill â hen *Gowper*, gerllaw Nantglyn, yr hwn oedd yn fawr ei athrylith am ysgrifennu gwaith prydyddion, sef cerddi a charolau, &c.
>
> Ac ar fyr amser wedi, mi euthum yn gyfeillgar ag un arall, o'r un fath natur am hel llyfrau; sef hen ddyn oedd ym Mhentre'r Foelas, yn darllen yn y capel y Suliau, ac yn clocsio amseroedd eraill ... Yn

ganlynol mi euthum yn gyfaill ag un arall oedd yn brydydd, heb fedru darllen nac ysgrifennu; ac yr oedd ef yn un naturiol iawn o ran llithrigrwydd ei awen am y mesurau tri neu bedwar ban; efe a gyfenwid *Twm Tai yn Rhos.* (G.M. Ashton, gol., *Hunangofiant ... Twm o'r Nant,* 31)

Ni ddiogelwyd unrhyw dystiolaeth ynghylch addysg, ac addysg farddol, Huw Jones, Llangwm. Gwyddys fod nifer o faledwyr y ddeunawfed ganrif wedi meistroli'r mesurau caeth. Canai Dafydd Jones o Drefriw a Siôn Cadwaladr gywyddau ac englynion, er na fu'r un ohonynt mor gynhyrchiol nac mor hyfedr â Thwm o'r Nant a luniodd awdl farwnad ar y pedwar mesur ar hugain i Oronwy Owen ac un arall, 'Ystyriaeth ar Oes Dyn', sef testun yr ariandlws yn yr eisteddfod a gynhaliwyd yn y Bala ym mis Medi 1789 ac a noddwyd gan Gymdeithas y Gwyneddigion. Testun syndod i G.G. Evans, awdur yr astudiaeth ar Elis y Cowper yng nghyfres 'Llên y Llenor', oedd canfod na chanodd ef yr un cywydd na'r un englyn. Y mae angen amodi'r farn honno bellach. Y mae digon o brofion fod Elis y Cowper yn englyna (a chyfeiriwyd at beth o'r dystiolaeth yn y bennod hon), er na welais un cywydd o'i waith. Er y byddai Huw Jones, yntau, yn llunio englynion yn achlysurol, dau gywydd o'i waith a ddiogelwyd, a'r ddau yn gywyddau marwnad. Yn unol â chonfensiwn y cyfrwng ceir myfyrdod ar freuder bywyd yn y farwnad i Siân Roberts:

> Un foddion haelion hoewlwyth
> Iw Dyn a phren yn Dwyn ffrwyth
> Rhai'n Ifangc ar fangc a fydd
> Duw yrr rywbeth di Rybydd. (Llsgr. LlGC 4698A, 199)

Tystia'r farwnad a luniwyd i William Wynn, Llangynhafal, fod Huw Jones yn gyfarwydd â'r traddodiad barddol oblegid gesyd yr ymadawedig yn llinach penceirddiaid y gorffennol:

> Cywydd newydd a wnau
> a gwawdlym enwog owdlau
> Ei gerddi ail ag urddas
> oedd oi fron i Adda frâs
> Dab Gwilym iw rym yr aeth

Ond Edmwnt oedd ei Dadmaeth
E gaed hir glod Gutto'r Glynn
ag Iolo yn ei galyn
Ac Edwin enwog ydoedd
ac Einion gyfion ar goedd
Bu Tudur ar llwybyr llêd
fanylach o lîn Aled. (Llsgr. BL Add 14968, 151a)

Nid oedd prinder beirdd yn siroedd Meirion a Dinbych yn ei ddydd, yn enwedig yn ardal y Bala ac yng nghyffiniau dyffryn Edeyrnion, a diau iddo dynnu maeth o gynhysgaeth ddiwylliannol gyfoethog bro ei febyd fel y gwnaeth Twm o'r Nant. Diau mai Rhys Jones o'r Blaenau, nid nepell o Ddolgellau, a gynrychiolai orau barhad yr arfer o lunio cywyddau ac awdlau mawl a marwnad i'r boneddigion yng nghywair canu defodol Beirdd yr Uchelwyr. Canodd ef gywyddau i aelodau o deuluoedd blaenllaw sir Feirionnydd – Corsygedol, Tan-y-bwlch, Peniarth a Hengwrt – gan fawrygu rhinweddau cydnabyddedig megis gwaedoliaeth, doethineb, haelioni a dysg, a chan barchu ieithwedd ac arddull drosiadol ei ragflaenwyr. Yr oedd Rhys Jones wedi ei drwytho yng nghanu beirdd yr Oesoedd Canol, a'i gymwynas bwysicaf oedd cynnull a chyhoeddi detholiad o'u cerddi yn *Gorchestion Beirdd Cymru* (1773). Yr oedd eraill yn ardal y Bala a ddewisodd lynu wrth fesur y cywydd megis Morys ap Robert a fu farw yn 1723 (diau mai ei efelychu ef yn hytrach na Goronwy Owen a wnaeth beirdd sir Feirionnydd wrth lunio cywyddau i'r Farn Fawr) a Rolant Huw o'r Graeenyn. Gwyddai Huw Jones am gywydd 'Y Bedd' a ganodd Rolant Huw, a dewisodd ei gynnwys yn y llyfryn *Cyngor Difrifol i Gadw Dydd yr Arglwydd* a lywiodd trwy'r wasg yn 1763. Robert Williams o'r Pandy, disgybl Rolant Huw, ac awdur y llinell adnabyddus 'Beibl i bawb o bobl y byd', oedd y mwyaf cynhyrchiol o blith beirdd ardal y Bala. Canodd nifer o gywyddau mawl a marwnad ac yr oedd yn un o'r deuddeg bardd a geisiodd ennill ariandlws yr eisteddfod gyntaf a gynhaliwyd o dan nawdd y Gwyneddigion trwy lunio awdl ar y pedwar mesur ar hugain ar y testun 'Ystyriaeth ar Oes Dyn'. Fel cynifer o feirdd y ddeunawfed ganrif lluniai Robert Williams gerddi carolaidd, ac yr oedd bri mawr ar y canu hwn drachefn yn yr ardal.

Siôn Dafydd oedd yr 'hen ddyn' o Bentrefoelas a enwir gan Dwm o'r Nant yn ei hunangofiant, ac ymddengys fod ei gartref yn fan cyfarfod i feirdd yr ardal.

> I'r beirddion gwychion i gyd.
> Tad ydoedd, a da dywedyd (TCHSDd 30 (1981), 53)

meddai Dafydd Jones o Drefriw yn ei farwnad iddo. Yr oedd Llangwm o fewn cyrraedd hwylus i Bentrefoelas, a dichon fod Huw Jones yn un arall a ddysgodd am y mesurau caeth a rhydd wrth ei draed. Copïodd Siôn Dafydd yr ymryson a fu rhwng Huw Huws, y Bardd Coch, a Huw Jones, Llangwm yn llawysgrif Caerdydd 43 (t. 125), a chynnwys yr un llawysgrif ddau bennill o waith Huw Jones yn ei law ei hun (t. 50). Yn ôl un hanesyn, bu Huw Jones, Twm o'r Nant, Twm Tai yn Rhos (y telir teyrnged i'w arweiniad yn yr hunangofiant) a Robert Davies, Nantglyn, yn cymryd rhan mewn eisteddfod a gynhaliwyd yng Ngherrigydrudion rywbryd yn ail hanner y ddeunawfed ganrif.

Llawysgrif Cwrtmawr 217 a ddiogelodd y dystiolaeth bwysicaf ynghylch diddordebau diwylliannol Huw Jones. Casgliad o ddeugain a saith o gerddi Huw Morys sydd yma, a Huw Jones a gofnododd y cyfan yn ei law ei hun, a hynny cyn y flwyddyn 1756. Gwelir un gerdd o waith y copïwr yng nghanol y casgliad; perthyn 'Pob merch a morwyn dda ei chymeriad' i ddosbarth y cerddi i gynghori'r merched (t. 31b). Y mae'n bosibl fod Huw wedi cynnull y cerddi gyda'r bwriad o'u cyhoeddi. Nid ef fuasai'r cyntaf i sylweddoli pa mor boblogaidd ydoedd caneuon Huw Morys nac i ystyried y posibiliadau masnachol. Pan glywodd Elis Cadwaladr tua 1735 fod Lewis Morris wedi sefydlu argraffwasg yng Nghaergybi, ysgrifennodd ato gan ei fod 'wedi cymeryd poen a thraul i gasglu Llyfr newydd o ddewisol ganiadau [sylwer ar y teitl] amryw or hen brydyddion a fu yn yr oes ddiweddaf sef Hugh Moris ac Edward Moris a Rowland Vaughan Esqr' (ALMA 37).

Galwodd G.G. Evans sylw at sillafu anghyson Elis y Cowper, a chydnabyddai Elis ei hun ei ddiffygion yn ei ragair i *Gras a Natur*: 'Rwy'n ofni budd ynddo amryw o feieu o achos 'r argraphwasg, o herwydd na noddwud imi mor ddawn i osod geirieu yn i lle ag nid oes ond ychydig a feder ddeall y ngwaith yn Sgrifenu' (tt. 2-3). Nid oes amheuaeth nad oedd Huw Jones ar y llaw arall yn gyfarwydd â nodweddion yr iaith ysgrifenedig. Eto, deunydd i'w ddatgan yn gyhoeddus oedd y faled a'r anterliwt, a'r iaith lafar, felly, a weddai i'r naill gyfrwng fel y llall. Bron yn ddieithriad hawlia'r odlau derfyniadau llafar (pethau–pethe, gwelai–gwele, gwelsom–gwelson), defnyddir ffurfiau sy'n cynnwys llafariaid ymwthiol (pobol, cwbwl) a hepgorir y gytsain derfynol yn rheolaidd mewn berf, enw ac arddodiad (arnynt–arnyn', eithaf–eitha'). Ar yr un pryd defnyddir ffurfiau llenyddol hefyd pan fydd hynny o fantais. Sylweddolodd Huw Jones y gallai elwa ar ystwythder yr iaith a manteisiodd i'r eithaf ar bob cyfle a gynigid iddo; yn hynny o beth nid oedd yn annhebyg i Gywyddwyr yr Oesoedd Canol.

Dadleuwyd mai'r gwerthwr a oedd yn gyfrifol am gynnull y deunydd a gynhwysid yn y baledi, ac mai ef a lywiai'r deunydd trwy'r wasg. O'r herwydd, mentrus fyddai pwyso yn ormodol ar y baledi print wrth geisio cloriannu llythrennedd Huw Jones ac wrth ddisgrifio ei arferion. Yn ffodus diogelwyd dyrnaid o gerddi yn llaw'r bardd, ac y mae lle i gredu mai testun yn ei law yw cynsail y casgliad bychan o'i gerddi (ynghyd ag ambell ddarn sy'n perthyn i Dwm o'r Nant) yn llawysgrif Cwrtmawr 209. Y mae'r ffurfiau llafar i'w gweld yn amlwg yn y cerddi hyn. Daw'r cwpled a ganlyn o'r gerdd 'Cydglymwn fawr glod ar ddiwrnod hyfrydol':

Dydd llŷn y bor**e** Clau amodwyd Clymiad**e**
Clo Cydiad Cliciad**e** Closiad**e** clau swydd. (Llsgr. CM 41, i, 18)

Ar yr un pryd defnyddir ffurfiau llenyddol hefyd yn gyfochrog â'r ffurfiau llafar, fel y tystia testun y gerdd 'Pob Cymro gwiwlan o hyn allan':

Yn Hafod Unnos bŷdd ar dann**au**
Ganiad**au** pyngciau pêr. (Llsgr. LlGC 12449E, 3)

Yn achlysurol defnyddir y ffurfiau llenyddol pan na fydd eu hangen:

> Un Daniel Dean ar Daith
> A'i Marchog**au** modd**au** maith ...
>
> Cadwalad Hughes ar dŵyn
> A'i trin**au** modd**au** mwyn. (*ibid.*)

Awgryma'r anghysondeb fod Huw Jones yn ymwybodol o'r ffurfiau llenyddol a'i fod yn barod i'w harfer wrth gofnodi ei gerddi, er mai ynganiad llafar a ddisgwylid wrth ddatgan y deunydd yn gyhoeddus. Y mae'r ffurfiau ysgrifenedig yn amlycach yn *Dewisol Ganiadau yr Oes Hon*. Yr oedd statws yn gysylltiedig â chyfrol argraffedig, a dewisodd Huw Jones gyflwyno'r deunydd mewn diwyg 'ffurfiol' hyd yn oed os oedd hynny yn golygu cuddio'r ffurfiau llafar yr oedd yr odlau yn eu hawlio (ond rhaid brysio i ychwanegu na fu yn gwbl gyson). Parchwyd yr odlau llafar yn nawfed pennill y gerdd 'Pob Cristion gwiwlon gole':

> Yn Arglwydd sydd yn madd**e**,
> Am ddeng-mil o dalent**e**
> Medd Evangylwr Math**e**, fe gofie'r gwâs
> A hwnw pan aeth adr**e**
> Ar ol ei gŷd was ynt**e**
> Am ddyled fe ddial**e**, cyfl**e** câs. (t. 88)

ond orgraff y seithfed pennill sydd fwyaf cyson â chywair y flodeugerdd:

> Gwnewch ryw ymddiffin weithi**au**
> Yn ddi siarad o'ch trysor**au**
> I nadel colli Eneidi**au**, i'r cyfl**e** caeth. (t. 87)

Nid ymatebodd y Morrisiaid yn frwdfrydig iawn pan glywsant fod Huw Jones yn ceisio sicrhau tanysgrifwyr ar gyfer ei flodeugerdd gyntaf, *Dewisol Ganiadau yr Oes Hon*. Bid a fo am hynny, cafodd Lewis Morris fodd i fyw pan gyfarfu â Huw Jones am y tro cyntaf yn y flwyddyn 1761, a disgrifiodd yr ymweliad mewn llythyr at ei gyfaill Edward Richard, Ystrad Meurig:

I was favoured lately with the company of a mountain poet who prided himself in being a wanderer like the ancients. He is known by the name of Hugh Jones of Llangwm. He is truly an original of the first order, and worth seeing, hath a natural aversion to Saxons and Normans and to all languages but his own. (ALMA 534)

Ailadroddodd y disgrifiad yn y llythyr i gyfarch William Parry ar ddechrau'r *Diddanwch Teuluaidd*:

> The Editor, being an Itinerary Bard, in the manner of the Ancients, hath given me leave to tell his Readers, that he pretends to neither Learning nor Languages; he despises them all, except his own. (t. ii)

Y mae'r cyfeiriadau nesaf at Huw Jones yn llawer llai canmoliaethus. Daliai'r Morrisiaid ar bob cyfle i ymwneud â phwysigion cymdeithas, a thestun boddhad a bodlonrwydd dwfn iddynt oedd gallu ymrwbio ymhlith y mawrion, chwedl hwythau. Ar yr un pryd ni chelent eu dirmyg at y rhai hynny a berthynai i ddosbarth cymdeithasol is na hwy eu hunain, ac un o nodweddion hynotaf y llythyron a anfonid gan y naill frawd at y llall yw'r portreadau lliwgar o faledwyr di-ddysg (yn eu golwg hwy) megis Huw Jones a Dafydd Jones o Drefriw. Gwelwyd eisoes i William Morris roi'r label 'comon ballad singer' ar Huw Jones, ac yr oedd Goronwy Owen yn barod iawn i ddilorni'r dosbarth hwn o ddiddanwyr poblogaidd. Ffieiddiai ef y

> myrdd o'r Mân-glyttwyr Dyriau, naw hugain yn y Cant, sydd hyd Gymru yn gwybetta, ac yn gwneuthur neu'n gwerthu ymbell resynus Garol, neu Ddyri fol Clawdd. Pe cai y fath Rymynnwyr melltigedig eu hewyllys, ni welid fyth yn Nghymru ddim amgenach, a mwy defnyddfawr, na'u diflas Ringcyn hwy eu hunain. (J.H. Davies, ed., *The Letters of Goronwy Owen*, 17)

I'r un cywair y perthyn disgrifiadau Lewis Morris, y ffraethaf a'r miniocaf ei dafod o blith y brodyr. 'Aie, cettog yw Huw Llangwm?' holodd mewn llythyr at ei frawd Richard yn 1761 cyn mynd rhagddo i'w alw yn 'chwiwgi' ac yn 'dylluan ddol'. Barn Richard Morris oedd mai 'ceryn llysowenaidd yw', ac ychwanegodd William Morris at y gwawdlun gyda'i sylw 'cettog o ddyn rhwydd diniwaid'. Cyffelybai William Wynn, Llangynhafal, Huw Jones a'i debyg i 'bumpkins'. Ar un ystyr, gallai'r Morrisiaid gyfiawnhau eu dirmyg a'u dychan. Ymddengys na thalodd Huw Jones am ei gopïau o'r *Diddanwch Teuluaidd*, a threuliodd William Roberts, argraffwr y Cymmrodorion, ei flynyddoedd olaf yn y tloty mewn dygn eisiau. Richard Morris sy'n adrodd yr hanes:

> O'r llymgi penllwyd Llangwm! fe andwyodd yr hen Wm Roberts y printiwr, yr hwn a fu'n yr holl gost o brintio'r Diddanwch iddo, ac yntau a gymerodd yr holl lyfrau i'r wlad i'w gwerthu heb dalu i'r hen wr truan am danynt; a gorfu arno fyned i Dŷ gweithio'r plwyf yn ei henaint a musgrellni i gael tamaid o fara, lle y bu farw, wedi i'r chwiwleidr Llangwm ei ddifuddio o'i holl eiddo... (ALMA 662-3)

Ni fyddai'r hanes hwnnw wedi synnu William Morris. Bu'n drwgdybio Huw Jones o'r dechrau, ond rhaid ychwanegu hefyd mai ef yn unig o blith ei frodyr a ddewisodd aros yn ei gynefin. O'r herwydd yr oedd yn abl i gofnodi hanesion am ei gymdogion a'i gydnabod ym Môn yn y llythyron a anfonai i Geredigion ac i Lundain, a deuai i'w glyw yn fynych storïau am drigolion y tir mawr yn ogystal. 'Mae arnaf ofn am Langwm', cyfaddefai William mewn llythyr at ei frawd Lewis ym mis Mehefin 1761. 'Mi glywais fran yn dywedyd iddo fod yn euog o warrio eiddo arall a dywedyd celwydd noeth' (ML ii 352). Yr un yw ei gân ym mis Tachwedd 1762: 'Na ymddiriedwch ormodd i'r cyhoeddwr, e ddywaid brain fod rhawn gwnion yn ei gynffon' (ML ii 517).

Darlun negyddol a gynigir gan sylwebyddion y bedwaredd ganrif ar bymtheg drachefn. Prin yw'r sylwadau a welwyd ar Huw Jones yn benodol, a rhaid edrych ar wastad mwy cyffredinol ar y modd yr ymatebwyd i waith baledwyr ac anterliwtwyr y ddeunawfed ganrif. Er bod yr eisteddfod yn dod i oed yn y ganrif nesaf, a'r prydyddion yn rhoi eu bryd ar ennill bri (ac arian sylweddol ambell dro) trwy gipio tlws neu gadair, nid ansawdd eu cyfansoddiadau fel y cyfryw a gythruddai'r sylwebyddion. Y mae'n wir i Wilym Lleyn roi'r label 'crach-brydyddion' ar Huw Jones, Dafydd Jones ac Elis y Cowper, ond â llath foesol a chrefyddol y dewiswyd mesur eu cynnyrch yn y bedwaredd ganrif ar bymtheg. 'Mae y rhan fwyaf o drigolion yr oes bresennol yn ymwrthod a gwaith y Beirdd, gan ei gyfri yn wagedd ac oferedd, am nad y'w yn gydunol a'u meddyliau hwy', barnai Jonathan Hughes, mab Jonathan Hughes, yn *Gemwaith Awen Beirdd Collen* (t. [iii]) a gynhwysai gerddi'r mab a'i dad, a mynnai Rice Jones Owen, ŵyr Rhys Jones o'r Blaenau, wrth gynnull gwaith ei daid i'w argraffu yn 1818:

> Yr oeddwn wedi penderfynu ym mlaen llaw na chai'r Gwaith gynnwys ynddo un rhyw ymadroddion na geiriau a allent fod mewn un modd yn elyniaethol neu dramgwyddol i iawnfoes a gweddeidd-dra, y rhai a allai'r Bardd fod wedi eu harfer yn anwagelog mewn awr ddigrif ysmala, heb fwriad i dramgwyddo neb. (Rice Jones Owen, gol., *Gwaith Prydyddawl y Diweddar Rice Jones o'r Blaenau*, v-vi)

Yn y lle cyntaf bwriwyd amheuon ar werth y cyfryngau poblogaidd. Ni allai cynrychiolwyr oes y sobreiddiwyd ei holl gyneddfau gan y Diwygiad Methodistaidd ymateb i apêl anterliwt a baled. Perthynent i'r un byd â'r wylfabsant, 'ac yr oedd hwnnw yn un o brif wyliau y diafol' yng ngolwg Robert Jones, Rhos-lan (G.M. Ashton, gol., *Drych yr Amseroedd Robert Jones, Rhos-lan*, 26). 'Nid o ddifyrwch y gall unrhyw ddyn o chwaeth ddarllen holl gynnyrchion y bardd, ond yn unig er gweled pa beth sydd ynddynt', meddai Caledfryn am anterliwtiau Twm o'r Nant ('Athrylith a gweithion Thomas Edwards, o'r Nant' 137), a chofier i Elis y Cowper ei hun ddweud am yr anterliwt: 'ag ynol yr henw yma mae disgwilfa pob dyn gwageddus am ryw bleser Cnawdol i beru iddo grechwenu' (*Gras a Natur* 2). Yr oed iaith y bardd yn yr un modd yn destun arswyd i Galedfryn: 'Y mae iaith Thomas Edwards yn erchyll, ar rai prydiau, o ran ei hanghywirdeb ac o ran ei hanfoesgarwch' ('Athrylith a gweithion Thomas Edwards, o'r Nant' 137). Nid oedd baledi'r oes i'w cymeradwyo, mwy na'r anterliwtiau, a diau mai un o'r pethau a barodd yr anghysur mwyaf oedd fod cynifer ohonynt yn cyflwyno negeseuon a rhybuddion cymeradwy ddigon, er bod y wisg yn un wrthun, oblegid anogid y gynulleidfa i ddilyn buchedd bur ac i osgoi pechod mewn baled ac anterliwt. Yn ôl Caledfryn eto:

Un gwall mawr y sylwasom arno yn yr holl chwarëyddiaethau hyn, yw llusgo crefydd i blith yr ysgarthion gwaelaf. Rhoddi cymhorth i chwerthin oedd un o'r amcanion proffesedig mewn golwg yn y chwarëyddiaethau: gan hyny, dylesid gadael crefydd allan yn lân ... Yr oedd rhyw ysfa ryfeddol yn meirdd y dyddiau hyny am ddwyn son am grefydd i'r caneuon mwyaf halogedig. (t. 141)

Perthynai'r faled a'r anterliwt i'r oes a fu, ac yng ngolwg sawl sylwebydd oes ofergoelus ac anoleuedig oedd honno. Clywodd Cadwgan ddau henwr meddw yn canu un o garolau Huw Jones mewn tafarn yn Wrecsam yn 1826, a chymhellodd 'y fath dryth annymunol' ef i rannu ei brofiad â darllenwyr *Y Gwyliedydd*:

Y mae yn waradwydd o'r mwyaf i'r Cymry crefyddol weled ei fath yn argraphedig yn eu hiaith ... Yr wyf fi o'r farn, ei fod yn gymmwysach i'w hoelio ar areithfan Eglwys St. Pedr, yn Rhufain, nag ydyw o gael lle ym mhlith cyfansoddiadau godidawg Beirdd yr oes hon. (*Y Gwyliedydd*, Mai 1827, 149)

Aeth rhagddo i holi ai 'Protestant o egwyddor oedd H.J. o Langwm, ynte, Pabydd dichell-ddrwg, megis eraill o'r hepil ddrygionus?' cyn rhybuddio darllenwyr *Y Gwyliedydd*: 'Rhydd y synwyrol orchudd ar ei lygaid rhag edrych ar ei fath, a'r gwir grefyddol ei fysedd yn ei glustiau rhag gwarando ar y fath gymmysgedd o ddisynwyrdeb' (*ibid.*, 150).

Daliai'r bwgan Pabyddol i beri anniddigrwydd i awdur *Llyfryddiaeth y Cymry* ryw hanner canrif yn ddiweddarach. 'Y mae eu gwaith', meddid am Huw Jones a'i gyd-faledwyr, 'yn gymmysg o bob athrawiaeth, a llawer o sawr Pabaidd ar garolau Hugh Jones' (t. 450). Er na allai Charles Ashton yn ei *Hanes Llenyddiaeth Gymreig o 1651 O.C. hyd 1850* ymwrthod â'r temtasiwn i ailadrodd yr ystrydebau gwrth-Babyddol, yr oedd ef yn barotach i geisio esbonio apêl Huw Jones ymhlith ei gyd-wladwyr, ac yn barotach hefyd i chwilio am ambell rinwedd:

Gwelir hefyd ei fod, ar amryw achosion, wedi defnyddio ei ddawn brydyddol i oganu anonestrwydd, gorthrwm, cybydd-dod, a thwyll ... Nid oes dadl nad oedd ei gerddi, o leiaf lawer ohonynt, yn effeithio yn ddaionus ar foesau ac arferion y wlad. (*Hanes Llenyddiaeth Gymreig* 244)

Eto, mynnai bwysleisio mai 'bardd gwerinaidd, diddysg, a charbwl' a luniai 'gerddi iselwael' ydoedd Huw Jones, a barnai iddo ef a'i debyg gynhyrchu'r 'brydyddiaeth fwyaf isel a llygredig … yn hanes ein barddoniaeth' (tt. 231, 230):

> Ond nis gellir siarad yn uchel am ansawdd ei brydyddiaeth, gan
> mai rhigymwr lled gyffredin ydoedd … bardd gwerinaidd, diddysg,
> a charbwl, oedd Huw Jones … Fe welir fod ganddo ambell sylw lled
> bert ar brydiau yn nghanol cryn lawer o sothach … (tt. 244-7)
> Y mae amryw ymadroddion yn gweithiau y prydydd yn profi ei fod
> yn eglwyswr selog. Ond y mae ynddynt hefyd brofion fod amryw o'r
> syniadau Pabyddol yn aros yn Nghymru yn mhlith y dosbarth yr
> oedd efe yn troi ynddo. (t. 246)

Ceisiwyd cadw'r ddysgl yn wastad yn *Y Gwyddoniadur Cymreig* pan ailgyhoeddwyd y gwaith hwnnw yn 1892. Nodwyd bod Huw Jones yn 'fardd chwareuyddol enwog … Ysgrifenodd lawer o wawd-gerddi; ac yr oedd efe yn hynod boblogaidd' (Cyfrol 6, 416E). Diau mai awydd Thomas Jones i ddyrchafu bri ei gynefin a barodd iddo ddyrchafu Huw Jones yn 'fardd da' yn ei draethawd a gyhoeddwyd yn *Beirdd Uwchaled* yn 1930 (t. 36).

Y mae'n debyg mai i flynyddoedd olaf ei oes y perthyn yr 'Englun a wnaeth Hugh Jones y prydydd pan oedd ef yn glaf fe ai dweudodd wrth i gumydog':

> Nid ffri yn codi om cell ar fore
> heb fwriad im cymmell
> lliw llwch llawr heb fawr waw*r* well
> am rosgo wi amusgrell. (Llsgr. LlGC 5545B, 75)

Bu farw Huw Jones ym mis Rhagfyr 1782 ac fe'i claddwyd ddeuddydd cyn diwedd y flwyddyn ym mhlwyf Efenechdyd yn sir Ddinbych. Ni ddarfu am apêl ei gerddi dros nos, ac ailargraffwyd sawl baled o'i waith yn ystod y deng mlynedd ar hugain nesaf. Ymddangosodd dwy o'i gerddi, er enghraifft, y naill yn cyfleu siom y ferch a gollodd ei chariad a'r llall yn cofnodi ymddiddan rhwng gwraig flin a'i gŵr a oedd yn segura yn y dafarn, mewn llyfryn a argraffwyd yn Nhrefriw yn 1813 (Casgliad Baledi Bangor 9 (18)). Ymhen yrhawg talwyd teyrnged i Huw Jones gan Ddafydd Ddu Eryri a'i gywion (Llsgr. LlGC 10870B, 15b). Dygodd

William Evans i gof waith 'Huw Siôn / A'i hoyw-sain gwlwm' a chyfeiriodd William Hughes at 'odidog fardd Llangwm'. 'Prydydd / Parodol ei gwlwm' ydoedd Huw yng ngolwg yr athro. Caiff teyrnged John Jones, Caeronw, gloi'r adran hon:

> Huw Llangwm sydd lwm ei le – dan garreg
> Yn gorwedd mewn caethle;
> Bardd enwog o bêr ddonie
> 'R dydd a fu ydoedd efe.

II

Y BALEDI

Defnyddid yr ymadroddion 'cerdd', 'dyri' a 'carol' yn y ddeunawfed ganrif wrth gyfeirio at waith a batrymwyd ar alaw gerddorol. Yn achlysurol y gelwid y cyfansoddiadau hyn yn faledi er mai wrth yr enw hwnnw yr adwaenir y deunydd hwn bellach. Gellir olrhain yr arfer o briodi gair ac alaw i'r ail ganrif ar bymtheg ac o bosibl i'r unfed ganrif ar bymtheg. Y mae 'Cân y Gwanwyn' Edmwnd Prys (m. 1623) a seiliwyd ar yr alaw 'About the banks of Helicon' ymhlith yr enghreifftiau cynharaf a ddiogelwyd. Er bod brawddegau 'Cân y Gwanwyn' ar y naill law a chymalau'r gerddoriaeth ar y llaw arall yn creu undod soniarus, y mae lle i gredu mai ar gyfer ei ddarllen yn hytrach nag ar gyfer ei datgan yn gyhoeddus y'i cyfansoddwyd. Bid a fo am hynny, erbyn y ddeunawfed ganrif yr oedd y canu carolaidd, fel y'i gelwir, wedi ennill ei blwyf, ac nid gormodiaith yw honni mai dyma ganu mwyaf poblogaidd y ganrif. Gellir amgyffred y galw am y math hwn o ganu pan ystyrir bod cannoedd o'r cerddi hyn wedi ymddangos mewn print, nid yn unig mewn llyfrynnau pedair ac wyth tudalen (gelwir hwythau hefyd yn faledi) ond hefyd mewn almanaciau ac mewn detholiadau megis *Carolau a Dyrïau Duwiol* Siôn Rhydderch (1729), *Blodeu-gerdd Cymry* Dafydd Jones o Drefriw (1759), *Cyfaill i'r Cymro* William Hope (1765) a *Llu o Ganiadau* William Jones (1798). Ond rhaid oedd hefyd wrth feirdd a allai borthi'r galw am gerdd a charol. Er bod degau wrth law i gynnig eu gwasanaeth yr oedd pedwar awdur yn sefyll ben ac ysgwydd uwchben y lleill, y pedwar yn gyfoedion ac yn weithgar yn ail hanner y ganrif, sef Twm o'r Nant, Elis y

Cowper a Jonathan Hughes, a Huw Jones, Llangwm, yn bedwerydd. Rhyngddynt lluniodd y pedwar hyn ryw fil o faledi.

O Loegr y daeth llawer o'r alawon y seiliwyd y geiriau arnynt. Anodd gwybod pryd yn union a sut y cyrhaeddodd y rhain Gymru, ac yn fynych bydd enwau'r alawon yn ychwanegu at y dryswch. Er gwaethaf yr enw Cymraeg, ymddengys mai o Loegr y daeth yr alaw 'Gwêl yr Adeilad'. Ar y llaw arall bernir mai alaw frodorol oedd 'Gadael Tir' er y'i gelwid yn fynych wrth yr enw Saesneg 'Leave Land'. Efallai mai'r peth pwysicaf yw fod y dull hwn o gyfansoddi yn cynnig i'r bardd ddewis dihysbydd bron o batrymau y gallai eu mabwysiadu. Tua 1717, ac yntau yn llanc ifanc oddeutu pedair ar ddeg oed, lluniodd Richard Morris o Fôn restr o 372 o alawon y gallai eu canu ar ei ffidil, a thua chanol y ganrif yr oedd rhyw bedwar cant o alawon yn rhan o *repertoire* y ffidlwr John Thomas a hanai o ogledd-ddwyrain Cymru. Defnyddiodd Huw Jones gynifer â hanner cant o alawon gwahanol wrth lunio ei faledi er ei fod ar brydiau yn arddel enwau gwahanol wrth gyfeirio atynt: cyfetyb 'Dydd Llun y Bore' i 'Monday Morning', a'r un alaw yw 'Cyfarfod Da' a 'Well Met'. Er ei fod yn chwannog i lynu wrth batrymau adnabyddus megis 'Charity Meistres' (14 baled), 'Consêt Gwŷr Dyfi' (12 baled), 'Gwêl yr Adeilad' (10 baled) a 'Greece and Troy' (6 baled), troes at alawon llai cyfarwydd hefyd. Un faled o'r eiddo a seiliwyd ar 'Hunting the Hare', 'Sawdl y Fuwch', 'Y Cowper Mwyn' a 'To my Own Mind'.

Erys ar glawr ryw gant a phedwar ugain o faledi o'i waith. Bu deuparth y cerddi yn cylchredeg mewn print, ac fe'u gwerthid gan wŷr megis Evan Ellis, Thomas Mark, William Roberts a Huw Evans. Yn rhyfedd iawn, fel y gwelwyd eisoes, nid ymddangosodd yr un faled o'i waith mewn almanac. Diogelwyd traean o'r cerddi mewn casgliadau llawysgrif a luniwyd yn bennaf yn ystod ail hanner y ddeunawfed ganrif a blynyddoedd cynnar y bedwaredd ganrif ar bymtheg, ac y mae'r copïa a fu ar y deunydd hwn unwaith eto yn tystio i boblogrwydd y cyfrwng. Cofnodwyd pedair cerdd ar bymtheg yn un o'r ddau gasgliad a gopïwyd gan Ddafydd Jones, Caeserwyd, ac sydd bellach yn rhan o lawysgrif

LlGC 346B. Cynnwys y casgliad cyntaf sawl cerdd gan Elis y Cowper hefyd tra ceir nifer o gyfansoddiadau Twm o'r Nant yn yr ail. Copïwyd rhai o gerddi caeth a rhydd Huw Jones yn llawysgrif Cwrtmawr 41, casgliad a luniwyd yn ail hanner y ganrif yng nghyffiniau Llansilin a Llanrhaeadr-ym-Mochnant ac sy'n cynnwys gweithiau beirdd megis Huw Morys, Arthur Jones a Jonathan Hughes. Bu'r casgliad hwn yn nwylo Huw Jones a chofnododd un gerdd o'i waith, dwy o bosibl. Mewn un ffynhonnell yn unig, boed honno yn un brint neu yn un mewn llaw, y diogelwyd ychydig dros hanner y cerddi, ac awgryma hynny y geill fod llawer o'r hyn a luniwyd gan Huw Jones a'i gyd-faledwyr wedi mynd i ebargofiant. Yng nghasgliad Dafydd Jones, Caeserwyd, yn unig y diogelwyd un gerdd ar bymtheg o waith Huw Jones.

Ni chasglwyd ac ni olygwyd baledi cyfoeswyr Huw Jones, ac nes y gwneir hynny anodd dirnad pa nodweddion unigryw a berthyn i waith y beirdd unigol ac i ba raddau yr oeddynt yn ymdebygu. Ar yr olwg gyntaf nid ymddengys gwaith Huw Jones yn annhebyg i waith ei gyfoeswyr mwyaf cynhyrchiol o safbwynt ei themâu, ei grefft a'i ymagweddu. Ar un ystyr nid ymddengys fod cylch thematig y cerddi yn helaeth iawn. Gellir gosod y rhan fwyaf ohonynt yn daclus mewn un o chwe dosbarth (er nad yw'r ffin rhwng pob dosbarth yn amlwg bob tro), sef dosbarth y baledi crefyddol, sy'n cynnwys carolau plygain a charolau haf (25% o'r cyfanswm yn fras), y baledi a oedd yn seiliedig ar fywyd ac arferion yr oes (tuag 20%), baledi serch (tua 15%), baledi sy'n adrodd am ddamweiniau a llofruddiaethau ar y naill law ac am helyntion ar fôr a thir ar y llaw arall (tua 10%), baledi cyfarch (tua 10%) a baledi yn ymwneud â meddwdod a'i ganlyniadau (tua 10%). Denwyd awduron eraill y ddeunawfed ganrif at y pynciau hyn. Pan edrychir yn fwy manwl ar bob dosbarth buan y gwelir bod cryn amrywiaeth o safbwynt y modd y cyflwynir pob thema, ac o safbwynt y modd yr ymatebir i'r pwnc dan sylw. Diau fod a wnelo amgylchiadau'r cyfansoddi â hyn. Y mae lle i gredu y câi'r awdur ei gymell i ymateb yn sydyn i ddeisyfiadau datgeiniad neu werthwr a ddymunai gynnull deunydd er mwyn cyhoeddi llyfryn newydd. Ychydig o amser a gâi i ddwysfyfyrio ac i berffeithio ei waith (ac efallai mai'r syndod mwyaf, o ystyried y brys, yw bod y cerddi wedi eu saernïo mor gelfydd). O'r herwydd câi ei orfodi i ailbobi ac ailgyflwyno syniadau cyfarwydd y gwyddai eu bod yn gymeradwy yng ngolwg y gynulleidfa. Gallai wneud hyn trwy amrywio'r cynllun neu trwy newid y pwyslais. Cyflwynir nifer o'r pynciau ar ffurf ymddiddan, dyfais sy'n caniatáu i'r awdur greu gwrthdaro dramatig a mynegi safbwyntiau gwrthgyferbyniol. Gellid sicrhau amrywiaeth hefyd trwy ddefnyddio amryfal alawon, a hyd yn oed os byddai'r neges yn gyfarwydd byddai'r ffurf neu'r wisg yn creu ymdeimlad o newydd-deb. Thema boblogaidd yn nosbarth y baledi serch oedd cynghori'r merched, ac nid yw hi'n destun syndod i Huw Jones lunio nifer o ganiadau ar y pwnc. Er iddo lunio cynifer â phymtheg baled i gynghori'r merched, gwelodd yn dda ddefnyddio alaw wahanol bron bob tro. Yn fynych byddai enw'r alaw yn gyfrwng ategu neges a chynnwys y faled. Priodol iawn wrth olrhain hynt a helynt y ferch ddibriod a feichiogodd oedd alawon megis 'Cwymp i'r Nant' a 'Calon Drom'; diau fod tafod Huw Jones yn ei foch wrth iddo lunio cân gynghori ar yr alaw 'Diniweidrwydd'!

Os oedd un pwnc yn benodol yn apelio at Huw Jones, meddwdod a'i ganlyniadau oedd hwnnw. Yn y ddwy faled ar bymtheg ar y pwnc disgrifir y tlodi a'r newyn a ddaw yn ei sgil, a dangosir mai'r wraig a'r plant sy'n dioddef fwyaf. Pwysleisir mai Satan yw awdur y pechod hwn:

> Lle ydy'r tafarne o fagle di-fudd
> Osododd y Cythrel o'i anghaffel ynghudd;
> A'r meddwyn a hudan'; mae'n aflan i ni
> Ni wêl un lle mwynach na harddach na hi. (DG 150)

Y mae'r dafarn yn dduw yng ngolwg y meddwyn:

> Dy dduw di ydy'r cwrw (rwy'n bwrw) bob awr
> A'r chwartie ydy'r seintie, rhyw fodde rhy fawr,
> A'r peintie yw'r angylion mewn creulon fodd croes
> A'r eglwys yw'r dinerth le dierth yn d'oes. (DG 151)

Dewisodd Huw Jones gyflwyno'r pwnc ar ffurf ymddiddan mewn naw baled, ond er mai'r un yw'r themâu yn y rhain ceir amrywiaeth hefyd am fod y meddwyn yn dod wyneb yn wyneb â chymeriadau gwahanol. Y gog sy'n dannod i'r prydydd meddw ei oferedd mewn un faled, a'i gydwybod sy'n cyflawni'r swydd-ogaeth honno mewn baled arall. Clywir ymddiddan rhwng y meddwyn a gwraig y dafarn ar ddau achlysur, ac ar bedwar achlysur ceir dadl rhwng y meddwyn a'i wraig. Daeth hi i'r dafarn i'w geisio, a'i llais hi a glywir gyntaf yn y pedair baled, ond ni fyn ef wrando ar ei chyngor. Y mae'n gwbl ddiedifar (er ei fod yn gweld oferedd ei ffyrdd mewn un faled ac yn addo ymddiwygio) ac yn fyddar i apêl ei wraig sy'n disgrifio'r modd y curwyd hi droeon gan ei gŵr meddw. Er bod y gŵr yn gymeriad gwrthun yn y baledi hyn, awgrymir nad yw'r wraig, hithau, yn ddi-fai. Darlun o'r wraig fel y portreedir hi yn yr anterliwtiau sydd yma. Y mae yn ddiog ac yn afradus yng ngolwg ei gŵr, yn dafotrydd, ac y mae lle i amau ei ffyddlondeb a'i diweirdeb. Nid rhyfedd, felly, ei fod yn chwilio am gysur yn y dafarn. Y mae'r grŵp o bum baled lle y cyflwynir ymgiprys rhwng y cwrw a'r te yn perthyn yn agos i'r baledi sy'n ymwneud â meddwdod. Dangosir mai'r dynion sydd ym mhlaid Syr Siôn Heidden, y cwrw brodorol, ond mai'r merched yw cefnogwyr ffyddlonaf y tresbaswr estron, Morgan Rondl, sy'n cynrychioli'r te. Daw ymlyniad y merched wrth y te neu ddail y dwndwr i'r amlwg yn yr anterliwtiau drachefn.

Nid oedd llawer o gyswllt rhwng cymunedau gwledig Cymru a'r byd y tu allan yn y ddeunawfed ganrif. Trwy gerddi Huw Jones ac eraill y clywai'r Cymry am newyddion cyffrous y dydd, a chyflawnai'r faled, felly, yr un swyddogaeth â'r papur newydd mewn oes ddiweddarach. Cynigiai damweiniau a llofruddiaethau a digwyddiadau rhyfedd ac anarferol o bob math ddeunydd addawol i'r baledwr, ond er gwaethaf apêl ddiamheuol y pynciau hyn, deg o faledi Huw Jones sy'n perthyn i'r dosbarth hwn. Adroddodd hanes llofruddiaethau yng Nghymru (yn sir Forgannwg ac yn sir Faesyfed), yn Lloegr (yn swyddi Amwythig a Chaerlwytgoed) ac yng Nghernyw, lluniodd ddwy faled am y

daeargryn a drawodd ddinas Lisbon yn 1755 (ond collwyd y rhan
fwyaf o un o'r baledi hyn) ac un arall am ddamwain pan foddodd
bachgen pedair oed mewn pair o ddŵr berwedig yn Nhraws-
fynydd. Gellid deall cymhellion y baledwr a ddewisai gofnodi
hanes llofruddiaeth erchyll fesul manylyn. Y mae'n wir fod Huw
Jones yn disgrifio'r modd y lladdwyd gwraig feichiog yn sir
Faesyfed gan Wyddel:

> Fe dynne ei gyllell, ddichell ddwys, i'w rhoi dan bwys i basio
> Ac fe ollyngodd ei holl waed o'i dilys draed a'i dwylo. (BWB 283)

ond at ei gilydd ar y rhybudd yn hytrach nag ar y digwyddiad
erchyll y mae'r pwyslais yn y baledi hyn. Yr un yw'r neges a
gyflwynir. Pwysleisir mai Satan sydd wrth wraidd pob drwg ac
mai tynged y troseddwr ym mhob achos fydd wynebu cosb y
Goruchaf. Meddir am y tad a'i ddau fab a laddodd y beili a ddaeth
i gasglu'r arian a oedd yn ddyledus i'r meistr tir:

> Roedd Satan, was aflan, yn llydan ym mhob lle
> I'w hudo nhw i'w blesio a'u rhwystro'n eiddo i'r ne'. (BWB 76A)

Pwysleisir hefyd fod Duw yn amlygu ei fawr allu dro ar ôl tro.
'Gwelwn weithie pa faint o siample sydd', yw'r rhybudd a gynigir
yn y faled am ddaeargryn Lisbon (BWB 95). Offeryn yn llaw Duw
i gosbi pechodau trigolion y ddinas oedd y daeargryn yng ngolwg
Huw Jones. Cyfrifoldeb yr unigolyn, felly, yw deisyf gras Duw fel
y gall osgoi pob temtasiwn, a dilyn bywyd bucheddol gan
ufuddhau i'r gorchmynion a roddwyd i ddynolryw. Os cosbir yr
anghyfiawn gall y sawl a barchodd air Duw ddisgwyl gwobr yn y
byd a ddaw. Ar ôl cofnodi hanes Daniel Phillips a laddodd wraig
feichiog a'i merch a ddaeth i grefu am elusen, cyflwynir neges yr
awdur:

> Cymerwn siampal bod ac un, roedd hwn yn ddyn anraslon,
> Ac na fyddwn mewn modd swrth ry lidiog wrth dylodion
> Ond gwrando, bawb, ar fyr o dro ar grio ac wylo'r gwaelion.
>
> Ond gwyn ei fyd ystyriol frawd a wêl dylawd mewn eisie
> A gwneud elusen i bob rhyw, mi deliff Duw iddo ynte;
> O flaen yr Arglwydd hwnnw fydd ddihangol yn nydd ange.
>
> (BWB 95C)

Cosbi'r drwg a gwobrwyo'r da: yr un yw'r neges yn yr anterliwtiau fel y gwelir yn y bennod nesaf, ond fe'i cyflwynir yno mewn dull llawer mwy uchelgeisiol ac yn erbyn cefnlen ehangach.

Byddai Huw Jones a'i gyfoeswyr yn ymwybodol o'r gwrthdaro yn ail hanner y ddeunawfed ganrif ar y llwyfan rhyngwladol. Ymladdwyd y Rhyfel Saith Mlynedd rhwng 1756 ac 1763, ac ymhen rhyw ddegawd byddai'r taleithiau Seisnig yng Ngogledd America yn dechrau brwydro am eu hannibyniaeth. Cyffelybwyd y Rhyfel Saith Mlynedd i ryfel byd, nid yn unig am fod cynifer o wledydd Ewrob yn brwydro yn erbyn ei gilydd ond am eu bod yn ymgiprys am diroedd mor bell oddi wrth ei gilydd â Chanada yn y gorllewin ac India yn y dwyrain. Er na chlywyd sŵn y brwydro yng Nghymru dilynodd y Cymry'r digwyddiadau o hirbell, a chlywsant adrodd am helyntion y rhyfeloedd ar fôr a thir yn y baledi. Y mae a wnelo deuddeg o faledi Huw Jones â rhyfeloedd ail hanner y ganrif. Llwyddiannau Ffredrig Fawr yn erbyn lluoedd Ffrainc, Awstria a Rwsia ym mlynyddoedd cynnar y rhyfel, a brwydr Rosbach yn benodol, yw pwnc y faled 'Cydneswch yma, bawb, yn glir' (BWB 165). Ar 5 Tachwedd 1757 yr ymladdwyd brwydr Rosbach ond ymhen dwy flynedd, ar 12 Awst 1759, byddai Ffredrig Fawr yn profi ei fethiant mwyaf alaethus. Trechwyd ei luoedd gan luoedd yr Ymerodres Elizabeth Petrovna o Rwsia ('sarffes sur') a chan luoedd Awstria ym mrwydr Kunersdorf. Dyma bwnc y faled 'Dydd da fo i'r hedydd llonydd llwyd' sydd ar ffurf ymddiddan rhwng y bardd a'r ehedydd (BWB 77B). Dilynir cwrs y rhyfel ar wastad mwy cyffredinol yn y baledi eraill sydd yn perthyn i'r pumdegau ac i'r chwedegau. Mynegir ofn ac arswyd y bydd lluoedd Sbaen, a ymunodd â'r rhyfel yn 1761, yn ymosod ar Brydain yn y faled 'Ow! deffro Loeger loywber le' (BWB 482). Gwahanol iawn yw cywair y faled 'Ow! beth a wnawn gan gyflawn drymder?' (BWB 77B). Cafodd Ffrainc golledion helaeth ar y môr yn 1759, ac yn y faled hon clywir y Ffrancwyr yn cwyno am eu newyn a'u tlodi. Darlunnir Lewis (y brenin Louis XV) mewn dull digon diurddas trwy ei gyffelybu i benteulu porthiannus sydd bellach ar ei gythlwng. Nid oes bwyd yn y gegin, ac felly,

> Doed pawb heb gellwair gynta' gallon'
> Cyn marw Lewis a'i holl weision;
> Dowch â chig a chaws o Loeger ...

Megis yn y baledi sy'n ymwneud â damweiniau a llofruddiaethau, y gred mai llaw Duw sy'n llywio popeth sy'n rhoi undod i'r baledi hyn. Arwydd o fendith y Goruchaf yw pob llwyddiant, a'r awydd i gosbi neu i ddysgu gwers sydd wrth wraidd pob methiant. Dengys Huw Jones hefyd mai trwy gefnu ar ddrwg fuchedd a deisyf gras Duw yn unig y mae sicrhau ffyniant tymhorol. Yn un o'r baledi sy'n perthyn i gyfnod Rhyfel Annibyniaeth America cedwir y ddysgl yn wastad, a phwysleisir bod y naill blaid cynddrwg â'r llall, a bod y ddwy fel ei gilydd ar drugaredd Duw:

> Os digiodd Lloeger ynte gall wneuthur cyn y bore yn dene ei
>   dynion,
> Os yw'r America eto yn aflonydd iawn i'w flino gall daro'n dirion;
> Gall bai fod yn rhyfedd ar bob rhai a Duw yn canfod anufudd-dod,
> Rhoes ing a thrallod fel tyfod wrth y tai,
> Oni bai iddyn' haeddu eu curo Duw fuase yn llunio llai;
> Nid un blaid eto, a honno ei hun, a ddarfu bechu yn erbyn Iesu
> I gael eu ceryddu fel y darfu am lawer dyn;
> Y ddwyblaid a ddarfu ddiblo* a gwyro er llwydo eu llun. (BWB
>   281)

* diblo 'baeddu, difwyno'

Gwelir parodrwydd Huw Jones i roi sylw i ddau safbwynt gwrthgyferbyniol mewn dwy faled sy'n perthyn i'r cyfnod hwn ac a gyhoeddwyd gyda'i gilydd (BWB 683). Lloegr sy'n llefaru yn y gyntaf. Mynega Lloegr ei chŵyn am fod pobl America mor anniolchgar am y cyfan a wnaed trostynt. Anfonwyd pregethwyr o Loegr i hyfforddi'r trigolion yng ngair yr Arglwydd, fe'u hamddiffynnwyd rhag lluoedd mileinig Ffrainc a Sbaen a chawsant ŷd yn foddion cynhaliaeth. Wrth ateb esbonia America i'w thrigolion adael Lloegr er mwyn cael rhyddid i addoli fel y mynnent. Cafwyd ŷd ond fe dalwyd amdano. Buwyd yn llafurio'n

ddyfal i drin y tir ond llesteiriwyd yr holl ymdrechion gan y
trethi y bu'n rhaid eu talu a chan yr haid o ddrwgweithredwyr,
yn wŷr a gwragedd, a anfonwyd o garchardai Lloegr. Ar ddiwedd
y faled gelwir ar drigolion America i godi eu harfau yn erbyn y
gelyn:

> Rhown iddyn' safn goch, mi 'lladdwn fel moch,
> Mewn gwaed y cânt orwedd, bydd rhyfedd eu rhoch;
> Ow! 'r loywgoch hen Loeger, caiff llawer o'ch llu
> Eu bradychu a'u trybaeddu tra boch.

Y mae'n bur sicr mai Huw Jones a luniodd yr ail faled ond barnai
mai doethach ydoedd cuddio y tu ôl i fwgwd y priodoliad amwys,
'Compos d by a young Man who lives in America'!

Mewn un faled ar ffurf ymddiddan rhwng y prydydd a'r gog, ac
a luniwyd yn 1758, trafodir helyntion yn nes gartref (BWB 165).
Bu gwrthdystio mewn sawl sir yng Nghymru y flwyddyn honno
a'r flwyddyn cynt am fod ŷd yn ddrud ac yn brin yn dilyn cyfres
o gynaeafau gwael, ac yr oedd gweld ŷd yn cael ei allforio yn
porthi digofaint y Cymry. Cyfeiria Huw Jones at yr helyntion yn
y gogledd, ym Môn ac yn Arfon, a sonia hefyd am y pum gŵr a
laddwyd gan y lluoedd arfog yn sir Gaerfyrddin yn y de. Ar y naill
law beirniedir y cyfoethogion ar gyfrif eu hamharodrwydd i
gynnig cymorth ac elusen ('Y bobol fawr sy'n deilio'n dostion,
araith lidiog, â thylodion'), a chydnabyddir bod allforio ŷd yn
dwysáu cyni'r bobl gyffredin. Ar y llaw arall, er bod Huw Jones
yn cydymdeimlo â'r newynog sy'n 'rhyfela tros y corffyn i gael y
porthiant sy iddo yn perthyn', myn fod yr enaid yn bwysicach
na'r corff, ac ofna y bydd y sawl a greai gythrwfl yn ennyn dicter
Duw. Y mae'r safbwynt hwn yn gyson â'r safbwynt a fynegir yn
holl faledi'r awdur (ac yn un a gâi ei ailadrodd yn y ganrif nesaf
yn ystod helyntion y Siartwyr), er mai i'r gog yn hytrach nag i'r
prydydd y priodolir y cyngor:

> Fe ddwedodd Crist, "Na ofelwch ormod am y corff sy'n llawn o
>   bechod";
> Trwy ddirfawr gri dylech chwi heb oedi, rai bydol,
> Geisio i'r enaid gysur unol gyda theulu'r Iesu rasol.

Y mae ychydig dros hanner y cerddi serch yn ganeuon cynghori, ac y mae hynny yn ein cymell i ystyried y berthynas rhwng y faled a'r anterliwt. Yng nghwrs yr anterliwt cenid cân i gynghori'r merched, ac i'r Ffŵl yr ymddiriedid y gorchwyl hwnnw ran amlaf er i Huw Jones drawsnewid y confensiwn yn *Hanes y Capten Ffactor* lle y clywir Pretty Nansi, merch y dafarn, yn cynghori ac yn rhannu ffrwyth ei phrofiad. Yn y gân rhybuddid y merched rhag peryglon beichiogi cyn priodi. Pwysleisid mai dyma ganlyniad dilyn 'cwrs naturieth' ond mai anodd ydoedd ei osgoi oblegid 'y cnawd sydd yn wan'. Uniaethid 'cwrs naturieth' â'r pechod gwreiddiol, a chyffelybid y ferch syrthiedig i Efa a anwybyddodd orchymyn Duw trwy fwyta'r afal yng Ngardd Eden, er mai hawdd fyddai i'r gynulleidfa golli golwg ar y neges foesol wrth glywed y Ffŵl yn disgrifio'r temtasiynau cnawdol gyda'r fath frwdfrydedd. Dangosodd Siwan M. Rosser yn ei hymdriniaeth arloesol â'r modd y portreadwyd y merched yn y baledi fod i'r caneuon cynghori gyd-destun cymdeithasol na ddylid ei anwybyddu. Y mae'n wir fod y Ffŵl yn mynd i hwyl wrth bregethu a moesoli, ac yn mynych arfer berfau megis 'misio' a 'tripio', ond tâl cofio mai cyfrifoldeb y plwyf lle y cartrefai'r ferch fyddai'r fam ddibriod a'i phlentyn. Er bod cywair y caneuon yn gyson â chywair cwrs ac amrwd y cyfrwng, byddai aelodau'r gynulleidfa yn ymwybodol y disgwylid iddynt gyfrannu at gynhaliaeth y fam ddibriod, a gallent amenio rhybuddion y Ffŵl yn union fel y gallent uniaethu â chwynion cyfarwydd y Cybydd na fynnai dalu trethi at gynnal y tlodion yr oedd yn ddewisach ganddynt segura na gweithio.

Diau mai'r cyfuniad hwn o negeseuon moesol a chymdeithasol ar y naill law a disgrifiadau bras ar y llaw arall a gyfrifai am boblogrwydd anhygoel caneuon cynghori'r anterliwtiau. Gellir mesur eu poblogrwydd trwy ystyried pa mor fynych y copïwyd hwy mewn casgliadau personol ac yr argraffwyd hwy mewn baledi. Cân gynghori *Y Brenin Dafydd* yw 'Lliw rhosyn yr ha' sy heb golli ei gair da', ac er mai cywaith yw'r anterliwt datgelir mai Huw Jones a'i lluniodd. Fe'i copïwyd ar ddau achlysur a'i chynnwys hefyd mewn baled brint (BWB 76B). Dyma'r unig gân gynghori sy'n perthyn i anterliwt hysbys. Y mae'n bosibl fod nifer o'r caneuon cynghori a luniodd Huw Jones, ac a ddiogelwyd naill ai mewn copïau llawysgrif neu mewn baledi print, yn perthyn i anterliwtiau a gollwyd erbyn hyn. Ar y llaw arall nid annichon fod llawer o'r caneuon wedi eu llunio trwy efelychu patrwm cydnabyddedig caneuon yr anterliwt, a bod Huw Jones yn manteisio ar thema a oedd wedi hen ennill ei phlwyf. Dewisodd Huw Jones gynnwys y gân gynghori 'Dowch, ferched a morynion, i ystyrio 'nghlwy" yn y *Diddanwch Teuluaidd* (1763). Bu'r gân hon yn cylchredeg mewn baled brint hefyd, ac fe'i copïwyd mewn llyfryn a oedd yn cynnwys casgliad o faledi (BWB 77).

Lluniodd Huw Jones ddyrnaid o gerddi serch a oedd yn seiliedig ar dro trwstan, er enghraifft 'Cerdd newydd, neu hanes gŵr ifanc a aeth i garu, ac i aros i'r bobl fynd i gysgu aeth i'r berllan, ac i frig pren afalau, ac oddi yno gwelodd un arall yn myned ar uchaf ei gariad dan y pren' (BWB 222, ond tâl nodi bod y gerdd hon yn cael ei phriodoli i Dwm o'r Nant mewn llawysgrifau diweddarach). Y mae'r rhain, yn groes i'r disgwyl, yn llawer mwy masweddus na'r cerddi cynghori. Nod amgen y dosbarth hwnnw yw'r modd y dewisodd Huw Jones ddisgrifio 'cwrs naturieth' naill ai trwy ddefnyddio iaith deg ('Na adewch i undyn, meinir bêr, fynd rhyngddoch chwi a gole'r sêr' yw'r sylw mewn un faled, gw. Llsgr. LlGC 346B, 327) neu trwy arfer trosiad. Y cyngor sy'n dilyn y doethinebu diarhebol ei naws yn y faled 'Pob meinir gu rhag mwy o gas' yw:

Pan fo hi yn deg mae cweirio gwair,
Teca' gwerthiff pawb mewn ffair,
Gochelwch chwithe werthu gartre' i ryw gene ar hanner gair;
Eich marchnad, 'mun, sy ar eich llaw eich hun,
Na rowch ymddiried byth mewn dyn,
Rhagddo ymgedwch, gwyliwch, gwyliwch rhag y llygrwch beth o'ch llun. (BWB 239)

O'r faled 'Blode'r gwinwydd aea' a gwanwyn' y daw'r llinellau a ganlyn lle yr ailadroddir y syniad o farchnata:

O! cedwch nythod eich clomennod rhag gormod syndod sias
Neu 'nelu o ffowler at eich mater o dincer, beger bas;
Gwell ichwi fod yn gall na gweitio ar hwn a'r llall,
Mae llawer ffylyn yn y flwyddyn eill saethu 'deryn dall;
Gwell ichwi beidio â gwerthu a choelio na gwrando rhuo rog,
Treiwch, meinwen, gadw eich clomen o dan eich claerwen glog;
Mae llawer un pe câi yn leicio profi'r prae,
Mae rhai lodesi a wnaeth gwrteisi, mae'r rheini yn gweiddi "Gwae".

(Llsgr. LlGC 346B, 253)

Yr un yw'r rhybudd yn y dosbarth hwn o faledi. Serch hynny, gwelodd Huw Jones y gallai greu amrywiaeth trwy newid y llefarwr. Y bardd ei hun sy'n cynghori ar naw achlysur ond y ferch ddioddefus sy'n rhybuddio ei chymheiriaid mewn pedair cerdd. Cyflwynir y cynghorion mewn baled arall ar ffurf ymddiddan rhwng merch feichiog a'i chariad sy'n dewis ymwrthod â'i gyfrifoldeb a ffoi i wlad bell.

Y mae un o bob deg o'r cerddi yn gerddi annerch. Cyfarchodd Huw Jones aelodau o deuluoedd bonheddig Wynnstay, Garthmeilo, Trefnant ac Ynysymaengwyn, a dathlodd achlysuron megis bedydd, pen-blwydd a phriodas. Rhoddir pwyslais ym mhob un o'r cerddi hyn ar waedoliaeth, a dethlir hynafiaeth y llinach a'r cysylltiadau a grëwyd dros sawl cenhedlaeth rhwng y naill deulu a'r llall. Yng ngolwg Huw Jones y teuluoedd hyn oedd cynheiliaid eu hardaloedd (er bod y darlun a gyflwynir wrth fyfyrio ar arwyddocâd marwolaeth Syr Watkin Williams Wynn yn bur wahanol). Disgrifir Robert Watkin Wynne yn drosiadol 'yn swmer', 'yn dulath' ac 'yn asgell i'r wlad fel ei daid, fel ei dad' (Llsgr. LlGC 2068F, 81). Er bod y cyfrwng yn wahanol, ymdebyga'r baledi hyn, o ran eu themâu ac o ran y modd yr ymagweddir at y boneddigion, i gywyddau ac awdlau prydyddion yr Oesoedd Canol. Y mae ffyddlondeb yr unigolion a gyferchir i'r Eglwys yn elfen bwysig yn y darlun canmoliaethus. Y mae Henry Corbet Owen o Ynysymaengwyn y dathlwyd ei ben-blwydd yn un ar hugain oed yn 'Brotestant effro' sy'n 'gwreiddio mewn gwres' (BWB 238), a Robert Watkin Wynne, Garthmeilo, yntau, yn yr un modd yn 'Brotestant mwynlan':

HUW JONES O LANGWM

Yn Brotestant mwynlan, wedd burlan, y bo,
Yn bur dan y brenin, pen brigyn ein bro,
Yn ffydd Eglwys Loeger drwy gryfder a gras,
Yn diffodd gau athrawon, gwŷr blinion eu blas.

(Llsgr. LlGC 2068F, 81)

Cymwynas bennaf Syr Nicolas Beili o sir Fôn yw rhwystro'r sawl a geisiai allforio ŷd ar adegau o gyni – thema y cyffyrddwyd â hi eisoes:

Os gwêl yn un lle fynd ag yde mewn llonge ar donne'r dŵr
Fe ddeil yn amal y rhain yma, cadarna' gwycha' gŵr. (BWB 165)

Bu'r cerddi hyn yn cylchredeg mewn print, ac y mae'n amlwg fod Cymry cyffredin yr oes yn barod i brynu baledi a oedd yn mawrygu arweinwyr traddodiadol y gymdeithas. Perthynai rhai o'r unigolion eraill a anerchir i reng is ar yr ysgol gymdeithasol, a Siôn Ben Dre' yn eu plith. Ymddengys iddo ymuno â'r milisia, a byddai trigolion y Bala a'r cyffiniau yn gyfarwydd â'i weld yn ei lifrai. Fe'i henwir ar sawl achlysur yn anterliwtiau Huw Jones. Huw Morys, awdur y farwnad i Barbra Miltwn a gopïwyd droeon yng nghwrs yr ail ganrif ar bymtheg a'r ddeunawfed, a boblogeiddiodd y farwnad ymddiddanol. Yr oedd y gerdd honno yn hysbys i Huw Jones; hi sy'n agor y casgliad o gerddi Eos Glyn Ceiriog yn ei law yn llawysgrif Cwrtmawr 217. Lluniodd Huw Jones ddwy farwnad ar ddull ymddiddan rhwng y byw a'r marw. Yn un o'r cerddi clywir y gŵr yn hiraethu am ei wraig ymadawedig fel y gwneir yn y farwnad i Barbra Miltwn, ond y wraig sy'n hiraethu am ei gŵr yn yr ail gerdd. Ar achlysur gwahanu cyfeillion a theuluoedd y lluniwyd tair o'r cerddi annerch. Ymdeimlir ag ing y gŵr sy'n gadael ei wraig a'i ddau blentyn ac yn hwylio i America mewn un gerdd, a hiraeth gwraig am ei gŵr sydd yn Llundain yw pwnc yr ail. Gŵr ifanc a ymunodd â'r milisia ac sy'n hiraethu am ei gyfeillion a bro ei febyd sy'n llefaru yn y drydedd. Efallai mai'r gerdd fwyaf anghyffredin yn y dosbarth hwn (fe'i cofnodwyd yn llaw Huw Jones ei hun) ydyw'r un sy'n canmol caseg o'r enw *Fair* Elwy a oedd yn eiddo i Hywel Lloyd o Hafodunnos yn sir Ddinbych.

63

Enillodd ornest ar forfa Conwy er mawr fodlonrwydd i'w
pherchennog a'r rhai hynny a oedd wedi rhoi arian arni, ac er
mawr siom i'r gwrthwynebwyr o sir Fôn:

> Ni bu trwy Gymru'r fath heb fethu yn melltennu, twynnu tir;
> Er gweiddi o wŷr sir Fôn yn syre, tewch â sôn,
> Wrth rifo'r parsel aur o'r pyrse roedd ganddyn' dene dôn;
> Mynd adre' â'u caseg wedi ceisio nerth honno a threio ei thraed,
> Er brolio eu mawrdda 'r diwrnod cynta' hon yma yn gwla a gaed;
> Colli ei chlod yn glir, ffaelio tendio tir,
> Colli'r dustens, hyn oedd dosta' yn ei gyrfa (dyna'r gwir);
> Colli cantoedd (gellir cowntio) o bunne ar honno yn rhwydd,
> Ni wiw i fonnyn, doed pan fynno, gall safio hynny o swydd.
> (Llsgr. LlGC 12449E, 3)

Canodd Huw Jones fwy o gerddi ar bynciau crefyddol nag ar
unrhyw bwnc arall; perthyn un gerdd o bob pedair i'r dosbarth
hwn. Serch hynny, dyma'r dosbarth anhawsaf i'w ddiffinio, a
hynny am fod cynifer o gerddi'r bardd ar bynciau mor wahanol
i'w gilydd â llofruddiaethau a damweiniau ar y naill law, a
rhyfeloedd yn Ewrob ac yn America ar y llaw arall, yn cynnwys
neges grefyddol amlwg. Ni welir yma'r amrywiaeth a ddaeth i'r
amlwg wrth ystyried rhai o'r dosbarthiadau eraill. Patrymwyd
hanner y cerddi ar ddwy alaw, sef 'Charity Meistres' a 'Gwêl yr
Adeilad', ac ailadroddir yr un syniadau yn y rhan fwyaf o'r
cerddi. Y mae cenadwri Huw Jones yn y cerddi hyn yn un seml
ac uniongyrchol yn ei hanfod, a diau ei fod yn gobeithio yr
ymatebai ei gyd-Gymry iddi o'i chlywed yn ddigon aml.

Egyr Huw Jones un o'i gerddi trwy gyfosod y Duw trugarog
sy'n cynnig bendithion i'r ddynoliaeth ar y naill law a'r Duw sy'n
dial ac yn cosbi ar y llaw arall:

> Ystyriwn o'n calonne farn Duw a'i drugaredde, mewn gole
>   gwelwyd,
> Ei farn ar lu'r annuwiol a'i drugaredde i'w bobol a raddol roddwyd;
> Barn Duw fe'i clywir yn eu clyw pen fo fe yn ddicllon sydd
>   echryslon,
> Llwyr wae'r dynion yr hyd y byddon' byw,
> Barn Duw a sai' yn dragwyddol ar ddynol raddol ryw;
> Heb drai yn rhyfedd i bob rhai o'r ediferiol

Y mae Duw nefol yn addo i'w bobol fydd duwiol yn eu tai
Trugaredd iddo yn bendant mewn llwyddiant heb ddim llai.

(Llsgr. LlGC 843B, 190)

Ar Dduw y dialwr y mae'r pwyslais yn y baledi, a gwelir mai creu braw ac arswyd trwy alw sylw at y gosb a ddaw i ran y sawl a ddilynodd arferion pechadurus oedd dull Huw Jones o geisio amlygu manteision bywyd bucheddol. Ar dro bodlonir ar gyfeirio yn foel at bechodau megis balchder, hunanoldeb, puteindra a meddwdod; dro arall manylir ar bechodau unigol:

> Llawer gwraig a phlant sy'n geran mewn lle llwm cibog yn eu
>   caban
> Ag wyneb llwyd eisie bwyd, ac annwyd i'w gwinedd
> Pan fo ei gŵr yn anhawddgaredd efo'r cwrw yn ei berfedd.

(BWB 524)

Mynych y clywir y rhybudd y bydd torri'r gorchmynion yn ennyn llid Duw:

> Gwae ninne fach a mawr pan syrthio ei lid i lawr,
> Mae fo uwch ein pen yn yr wybyr wen fel petai fellten fawr.

(BWB 214)

Mewn sawl cerdd darlunnir diwedd y byd a thrueni'r pechaduriaid ar Ddydd y Farn. Dro ar ôl tro, cais Huw Jones argyhoeddi ei gyd-wladwyr na thâl ymddiried mewn cyfoeth a meddiannau; pwysleisia mai byr yw parhad y bywyd hwn ac y daw angau (a'r Farn i'w ddilyn) i bob un yn ddiwahân. Mewn sawl baled cyflwynir y rhubuddion trwy ddelweddau. Y mae dyn yn 'fregus frigyn', ac megis 'telpyn clai', 'gwaeledd briddyn' ac 'ewyn tonne', neu, yn ôl y darlun estynedig yn y gerdd 'Pob Cristion balch rhyfygus':

> Mae dyn fel llysie ffeind eu llun sy'r bore yn ffrwytho ac yn pêr
>   ympirio,
> Prydnawn yn duo ac yn gwywo bod ac un,
> Fel hyn darfyddwn ninne, ni safia'r Ange 'r un. (BWB 241)

Yn y gerdd 'Pob un sy â'r enw Cristion' cyffelybir angau i goedwigwr:

LLÊN Y LLENOR

Cyffelyb ydyw'r Ange i saer di-oed mewn llwyn o goed
Yn rhifo ei brenie deunydd, rhai beunydd o bob oed;
Rhai glas brenie o'r bronnydd a dyr i lawr, rhai'n glampie mawr,
Rhai egin coed rhywiogedd, rhai'n henedd waeledd wawr;
Eu deunyddio mewn dawn addas, at ei bwrpas urddas yw,
A phob pren da ei gadw a wna, rywioca' rhwydda' rhyw;
Gwobr union i geubrenni, fel hel y rheini i losgi'n lân,
Eu diwedd trwch, a llosgi yn llwch eu tegwch yn y tân. (BWB 83)

Cyflwynir y neges yn arddull Siôn Cent yn y gerdd 'Yr hen
bechadur difyr daith':

Cofia, 'r dyn, pwy bynnag wyt, nad wyt ond bwyd i bryfed ...
Pan ydoedd Arthur fwya' ei rym yn rhwyfo'n llym mewn rhyfel
Yr Ange bach o gysgod llwyn a hede i ddwyn ei hoedel. (BWB 106)

Cynghorir y Cymry, os mynnant osgoi cosb a dialedd Duw, i
ddilyn y gorchmynion a gyflwynwyd yn y Beibl ac i feddwl am eu
diwedd mewn da bryd:

O! trowch, deffrowch yn ffri trwy chwerw groyw gri
Rhag tynnu i lawr lidiogrwydd mawr neu farn Duw 'nawr i ni ...
Cyn dyddie blin ac ail-droi'r hin mae dilyn pen y daith
Rhag troi yn ein hôl fel y merched ffôl, hyn sydd anweddol waith.
(BWB 214)

At gynulleidfa a oedd yn dra chyfarwydd â hanesion y Beibl yr
anelwyd y cerddi. Nid oes dim a ddengys hynny'n gliriach nag
ymadroddion megis 'ymado â'r Eifftied', 'y golofn niwl', 'dŵr o
graig y bywyd', 'ysgol Jacob', 'yr Ail Adda', 'y ffôl forynion' ac 'yr
efrau yn yr ŷd' sy'n atgyfnerthu'r negeseuon a gyflwynir. Enwir
gelynion megis Cora, Pharo, Cain a Jesebel, a deallai'r sawl a
glywai ddatgan y cerddi neu a'u darllenai arwyddocâd y
cyfeiriadau. Un gerdd yn unig a seiliwyd yn ei chyfanrwydd ar
ran o'r Beibl. Adroddir dameg y Samariad Trugarog yn y gerdd
'Pawb sydd ganddo glustie clir', a dilynir yr hanes gan y
dehongliad a ganlyn:

A'r Lefiad oedd y gyfreth gaeth yr hon ni wnaeth mo'r daioni
A'r Samariad yn ddi-wad oedd Crist o wlad goleuni,
A'r llety cymwys ddawnus ddydd a gŵr y tŷ i'w garu heb gudd,

66

Y rhain yw'r eglwys lân ddi-brudd a theulu'r ffydd gatholig,
A'r hen ddwy geiniog enwog iawn yw'r Testamente gore gawn
I 'mendio ein briwie a sugno'r crawn rhag byw mewn llawn wall
    unig. (BWB 116)

Mewn sawl cerdd cyflwynir y rhybuddion yng nghyd-destun digwyddiadau cyfoes y buasai'r gynulleidfa yn ymwybodol ohonynt. Yr oedd claddu Syr Watkin Williams Wynn a fu farw yn dilyn damwain wrth hela yn achlysur a gynigiai gyfle dihafal i'r baledwr atgoffa pob un pa mor frau oedd einioes dyn a pha mor ddirybudd y gallai angau daro'r cryfaf fel y gwannaf. Pwysleisir yn y gerdd dan sylw pa mor ddisylwedd yw pethau'r byd hwn. Rhoes Syr Watkin a Syr John Miltwn, Castell y Waun, eu bryd ar gael eu hethol yn Aelod Seneddol sir Ddinbych. Ofer a dibwys yng ngolwg Huw Jones oedd yr ymgiprys hwnnw yn wyneb bygythiad angau:

Gwariason' mewn oferedd eu mawredd hyd eu meirw
A llawer un i'w calyn a fydde yn geryn garw;
A hynny am eiste yn ucha', ni edrychodd undyn (mi dynga')
P'run o'r ddau yma oedd nesa' i'r ne';
Gwell inni ymwneud bob amser am gwmni llu'r uchelder
Lle mae llawer ffeindiach lle
Na rhannu da yn afradlon i borthi ffylied ffolion
Am floeddio'n gryfion, wirion wedd. (BWB 116)

Lluniwyd nifer o'r cerddi crefyddol oddeutu 1760. Gwelwyd newyn a chyni yn 1757–8 a chyfeiriwyd eisoes at ymateb Huw Jones i'r gwrthdystio a gafwyd yn y de ac yn y gogledd yn ei gerdd ymddiddan 'Dydd da fo i'r gog luosog leisie' (BWB 165). Dilynwyd y caledi gan lawnder, ac wrth ddathlu'r newid yn yr hin a llawenhau ar gyfrif y cynhaeaf llwyddiannus rhybuddia'r bardd yn 'Pob Cymro mwyn ei amynedd' na ddylid ymroi i bleser a gollwng Duw dros gof:

Ond cofiwn air y proffwyd o'r cynfyd cudd trwy gadarn ffydd,
Yn eglur iawn ei ymadrodd fe ddwedodd yn ei ddydd
Mai cyn i'r hawddfyd beidio y dylen grio ar Grist
Am gadw ein gwlad mewn llwyr wellhad cyn dwad troead trist.
          (BWB 99)

Barnai Huw Jones mai arwyddion oddi uchod oedd y newyn a'r llawnder a'i dilynodd, a chyfrwng amlygu bendithion Duw ar y naill law a'i barodrwydd i gosbi'r annuwiol ar y llaw arall. Dehonglir yr haint a drawodd yr anifeiliaid yn yr un modd yn y gerdd 'Y Cymro mwyn, cais godi':

> Yn awr mae cledde'r Iesu a'i fwriad ar i fyny,
> Ein cosbi 'Nghymru felly a fyn ...
> Nid ydy'r haint annedwydd sy'n 'nynnu i'n gwledydd ninne
> Ymysg anifeilied dynion ond arwyddion o anwiredde ...
> Os heuwn flode i'n hamser hyd gwyse anghyfiawnder
> Cawn fedi meithder dicter Duw,
> A'r cwyse hyn yn ddiau yw medd-dod a phuteindra
> Neu'r ffordd ofera' i ddynion fyw. (BWB 120)

Y mae'r arwyddion a'u harwyddocâd yn bwnc pwysig, a chafodd Huw Jones achlysur i alw sylw at nifer ohonynt wrth iddo rybuddio ei gyd-Gymry yn y gerdd 'Pob Cymro cywir galon, deffrowch mewn pryd' (BWB 129). Cyfeiriodd at y newyn a'r llawnder a'i dilynodd fel y gwnaeth mewn cerddi eraill, ond sonia hefyd am arwyddion yn yr wybren; ymddengys mai Comed Halley a oedd i'w gweld yn 1759 oedd y 'seren gynffonnog' a greodd y fath ddirgelwch yng Nghymru. At hyn crybwyllir y daeargryn diweddar, a gwyddys fod daeargryn wedi taro Caergybi a'r cyffiniau ar 12 Awst 1757. Disgrifiwyd y digwyddiad yn y llythyr a anfonodd William Morris at ei frawd Richard y diwrnod canlynol: 'Pan ddaethym adref mi gefais i hyd i bobl y dref yma wedi dychrynu gan ddaeargryn, yr hon a ysgwydasai yr holl dai ar llestri ynddynt dros yspaid munud neu ddau fal y tybir; rhai pethau yn cwympo oddiar silffia, y piwter a'r llestri priddion yn curo wrth eu gilydd' (ML ii 7).

Er i Huw Jones lunio anterliwt yn seiliedig ar ddadl rhwng Protestant a Neilltuwr (a rhoi'r gair olaf i'r Protestant, sef yr Eglwyswr), mewn un gerdd yn unig y mynegodd ei obaith y byddai Duw yn amddiffyn ac yn hybu Eglwys Loegr. Y mae'n destun syndod na ddewisodd Huw Jones gyfeirio at y Methodistiaid yn agored yn yr un gerdd, yn enwedig pan gofir i Siôn Cadwaladr lunio cân i annog ei gyd-Gymry i fod ar eu

gwyliadwraeth rhag y 'gau broffwydi' a roes eu bryd ar danseilio
awdurdod yr eglwys:

> Mae rŵan ryw sect newydd a ymgludodd dros y gwledydd,
> A'i nadau hyll annedwydd, ynfydrwydd drwg anfedrus,
> Yn twyllo pobol weiniaid, air tecaf Sysmaticiaid,
> Gau athrawon, ddylion ddeiliaid, penweiniaid a phiniwnus,
> Gan lusgo'n gaeth wrageddos, modd tywyll, hyd y teios
> Y nos, heb achos yn y byd;
> Rhai llwythog o bechodau, gan arwain amryw chwantau,
> Anfuddiol foddau, droeau drud. (BWB 166)

Ar y llaw arall ymddengys nad oedd y mudiad a'i safbwynt yn
wrthun yng ngolwg Jonathan Hughes. Yn rhai o'i gerddi
rhoddodd ef bwyslais ar adnabyddiaeth bersonol o Grist – gwedd
ganolog ar y profiad Methodistaidd. Y mae lle i gredu bod
dylanwad ei wraig, 'merch ag oedd yn tueddu at grefydd', ynghyd
â dysgeidiaeth y Dychweledigion, ar anterliwtiau diweddarach
Twm o'r Nant (G.M. Ashton, gol., *Hunangofiant ... Twm o'r Nant*,
34-5). Yn *Pleser a Gofid* clywir yr awdur yn cyfiawnhau ymateb
corfforol y cynulleidfaoedd Methodistaidd i bregethu'r cynghor-
wyr:

> Beth pe b'ai rhyw un o'r cwmpeini,
> Yma, wedi ei fwrw i'w grogi,
> Ac i air ddyfod y cai fod yn rhydd,
> Oni fydde llawenydd yn ei lenwi?

> Felly'r un modd yn eglur,
> Ydyw'r chwedel mewn pechadur:
> Ni all ef pan brofo fe beth o'r braint,
> Ddim gosod pa faint ei gysur.
> (I. Foulkes, gol., *Gwaith Thomas Edwards*, 106)

Ar yr un pryd y mae Twm o'r Nant yn ddigon parod i gynnig
ergydion ffraeth a fuasai wrth fodd ei gynulleidfa. Dyna'r
disgrifiad o Siân Ddefosiynol yn yr un anterliwt:

> Mi briodes wraig dda iawn ei theimlad,
> Ni fu 'rioed un dostach am y Methodistied,
> Ac yn wir mae hi am y byd gerbron,
> Ac yn ddigon calon galed.

Mae hi'n wraig arafedd, addfwyn, rywiog,
Ac yn edrych yn llonydd, ond hi gogiff y llwynog ...
(I. Foulkes, gol., *Gwaith Thomas Edwards*, 69)

Y Pabyddion a'r Pennau Crynion, fodd bynnag, yw'r gelyn pennaf yng ngolwg Huw Jones:

Duw, cadw Eglwys Loeger rhag llwgwr neu dwyll eger
I fyw'n dyner iawn bob dydd
Na chaffo'r croes Babyddion, rai garw, ddwyn mo'r goron
Na'r Penne Crynion ffeilsion ffydd. (BWB 101)

Mewn tair baled anogir y Cymry i gadw'r Saboth. Ceir cipolwg yn y tair ar y modd y treulid y Sul, ac y mae'r darlun yn llinach disgrifiad y Bardd Cwsg o'r hyn a welodd o lofft y grog yng ngweledigaeth 'Cwrs y Byd'. Yn wir, ar ddechrau un o'r cerddi esbonia Huw Jones iddo godi 'ar ddydd yr Arglwydd Iesu / A mynd i ystyried yn fy mryd ar gwrs y byd o bobtu' (BWB 124). Yn un o eglwysi Cymru gwelodd y Bardd Cwsg 'rai'n sisial siarad, rhai'n chwerthin, rhai'n tremio ar ferched glân, eraill yn darllen gwisgiad eu cymydog o'r corun i'r sawdl, rhai'n ymwthio ac yn ymddanheddu am eu braint, rhai'n hepian' (P.J. Donovan a Gwyn Thomas, goln., *Gweledigaethau y Bardd Cwsg Ellis Wynne*, 37), ac yn y darlun a gynigir gan Huw Jones:

Rhai gyrchant i'r eglwysydd fel dynion gryfon grefydd
I dremio ar ddillad newydd, ffydd ry ffôl;
Fe adwaenant wisgiad penne a lliwdeg wych ddillade,
Ni chofiant ddim o'r geirie fel y pare Paul;
Arall fydd â'i lygad yn gwyro at ei gariad
Fo a'i throead yma a thraw,
Ac eraill ar eu gore yn siarad ar amsere
Yn lle cadw llyfre i'w llaw;
Bydd eraill mor wradwyddus yn hepian, gwaith anhapus,
Yn yr eglwys rymus rad,
A'r llall yn blino ei galon gan filoedd o ryw ofalon
Ar ddydd ei dirion Dad. (Llsgr. CM 209, 17)

Yr un yw'r darlun yn y tair cerdd ond fe'i cyflwynwyd ar dair alaw wahanol, sef 'Charity Meistres', 'Greece and Troy' a mesur y triban. Y mae'r drydedd yn unigryw ar lawer ystyr. Diogelwyd nifer o gerddi Huw Jones mewn mwy nag un ffynhonnell. Y mae'r testunau a ddiogelwyd mewn ffynonellau print a / neu mewn casgliadau yn cyfateb yn glòs i'w gilydd. Yn achos y gerdd 'Fy ffrins a'm cymdogion' ar fesur y triban, y mae'r fersiwn a argraffwyd mewn baled yn dra gwahanol i'r fersiwn a gofnodwyd yn llawysgrif Cwrtmawr 39 (t. 294). Y mae trefn y llinellau yn wahanol; at hyn, hepgorwyd penillion yn y naill ac ychwanegwyd penillion newydd yn y llall. Y gwahaniaeth pennaf yw fod y disgrifiad yn cael ei gyflwyno yn y person cyntaf yn y testun print ond yn y trydydd person yn y testun llawysgrif.

I'r dosbarth o faledi crefyddol y perthyn y carolau plygain a'r carolau haf drachefn (er mai un garol haf yn unig a ddiogelwyd wrth enw Huw Jones), ac fel yn achos y baledi crefyddol a drafodwyd, ychydig o amrywiaeth sydd yn y cerddi hyn o ran eu cynnwys. Yn y rhain pwysleisir bod Crist wedi ei anfon i'r byd i wneud iawn am bechod dyn ac i gynnig achubiaeth, a dyma'r thema bwysicaf. Dyletswydd pob un o'r herwydd yw llawenhau a chynnig diolch a moliant i Dduw. Dyma agoriad nodweddiadol:

> Dyrchafwn ein llef, edrychwn tua'r nef,
> Rhown fawl y dydd heddiw trwy groyw ffydd gref
> I Arglwydd ein gwlad, hwn ydyw'r Mab Rhad,
> Gwnaeth inni drugaredd, Etifedd y Tad;
> Deffroed pob dyn sy'n cysgu ac unwn oll i ganu
> Gan lawenychu, deulu da;
> Mae achos i glodfori fod plentyn newydd eni,
> Fe ddaeth i dorri cledi'r cla'. (Llsgr. LlGC 346B, 274)

Disgrifir amgylchiadau'r geni a sonnir am y doethion a'r bugeiliaid a ymwelodd â'r baban yn ei lety gwael, ond manteisiodd Huw Jones, fel y gwnaeth holl awduron y carolau plygain, nid yn unig ar hanes bywyd Crist ar y ddaear fel y cofnodwyd ef yng ngwaith yr Apostolion, ond hefyd ar yr holl hanesion a adroddwyd yn yr Hen Destament. Dengys y dosbarth hwn o gerddi fod yr awdur a'i gynulleidfa wedi eu trwytho yn hanesion y Beibl. Cyfeiriodd Huw Jones at wyrthiau Crist ar sawl achlysur (mewn un faled rhestrodd yr holl wyrthiau y dywedir i Grist eu cyflawni ynghyd â'r holl ddamhegion a lefarodd) a chrybwyllir y Croeshoelio mewn sawl carol. Yn achlysurol yn y grŵp hwn o gerddi y deisyfir llwyddiant i'r eglwys – Eglwys Loegr wrth reswm, ac nid yw carolau Huw Jones yn annhebyg i garolau Jonathan Hughes am na chymhellir y naill fardd na'r llall i ddeisyf bendith Duw ar y brenin (ond ni ddylid rhoi gormod pwys ar hynny).

Mydryddid y flwyddyn yn fynych ym mhennill olaf y garol blygain, ac yn ffodus parchodd Huw Jones y confensiwn. Gellir amseru ei garolau yn fanwl o ganlyniad, peth na ellir ei wneud mor llwyddiannus yn achos y cerddi sy'n perthyn i ddosbarthiadau eraill. Gwelir mai i'r flwyddyn 1758 y perthyn y ddwy garol blygain gynharaf sydd ar glawr; cynhwyswyd y ddwy yn y detholiad *Dewisol Ganiadau yr Oes Hon* a welodd olau dydd yn 1759. Bu Huw Jones yn llunio carolau plygain yn rheolaidd wedi hynny, yn enwedig yn ystod y 1770au. Lluniwyd dwy ar gyfer 1773, a dwy arall ar gyfer 1777 ac 1778. Y mae'n bosibl fod llunio carol blygain yn orchwyl blynyddol ond bod llawer o'r deunydd wedi ei golli. Apêl dros dymor byr a fyddai i'r cerddi unigol, a barnu wrth sylw William Morris mewn llythyr at ei frawd Richard: 'Mae y rhan fwyaf o garolau Nadolig a Haf allan o'u blas cyn pen eu blwydd, chwedl Sion Prisiart Prŷs am y mesurau Seisnig' (ML ii 299). Geill fod yn arwyddocaol fod holl faledi plygain Huw Jones, ac eithrio'r ddwy yn *Dewisol Ganiadau* ac un arall, wedi eu diogelu mewn llawysgrifau. Eto, rhaid cofio i Huw Jones ddewis cynnwys sawl carol blygain yn *Dewisol Ganiadau*, fel y gwnaeth Dafydd Jones yn *Blodeu-gerdd Cymry* (1759) a William Jones yn *Llu o Ganiadau* (1798), a rhesymol tybio bod y tri golygydd yn unfryd unfarn y byddai'r carolau yn denu prynwyr. Ar gyfer eu datgan yn y gwasanaeth oddeutu'r Nadolig y llunnid y rhain, ac y mae'n bosibl mai ar lafar y bu iddynt gylchredeg yn bennaf er bod digon o dystiolaeth fod carolau plygain yn cael eu cynnwys yn y baledi print. Dywed William Jones iddo gynnull cerddi 'na welais i erioed o'r blaen yn argraphedig', ac ymhellach, 'myfi a gymmerais y boen i'w casglu hwynt ynghyd mewn Llyfr' (t. [iii]). Gwelir sawl carol blygain yn 'Sain yr Utgorn' drachefn; cynullwyd 'Y Cyfriw na fu yn

Argraffedig or Blaen' i'w cyhoeddi, er na lwyddwyd i fynd â'r
maen i'r wal (Llsgr. LlGC 1710B, 1). Cofnodwyd llawer o'r carolau
hyn, fe ymddengys, ar ôl i rywun eu clywed yn cael eu datgan.
Digwyddodd hynny yn achos y garol 'Chwi weision unDuw Iesu'
(Llsgr. LlGC 842B, 7). Yr hyn sy'n ddiddorol yn y cyswllt hwn yw
mai gŵr o'r enw William Edwards o Amlwch ym Môn a 'grafodd'
y garol hon, chwedl yntau. Clywodd ddatgan y gân yn ei
dafodiaith ei hun a chofnododd y fersiwn llafar yn ffyddlon.
Golygai hynny fod llawer o'r odlau yn cael eu colli gan fod
terfyniadau llafar ei dafodiaith ef yn wahanol i'r ffurfiau llafar a
arferai Huw Jones. Cymharer y fersiwn golygedig hwn o
ddechrau'r pennill olaf sy'n driw i arfer Huw Jones â'r fersiwn a
gopïwyd gan William Edwards:

> Mae oed yr Oen difryche sy'n nadel yr eneidie i boene o benyd
> Tri thrigen, iaith rywiogedd, tri deugen, trofa degwedd, fwynedd
> funud ...

> Mau oeud roeun difrycha Su'n adal yr Eneidia i boune o benud
> Tri thrigian iaith rywiogadd Tri Deigian trofa degwedd fwunadd
> funud ...

Y mae'r dosbarth olaf, sy'n cynnwys y baledi sy'n seliedig ar
fywyd ac arferion yr oes, yn un pwysig a'r pynciau a gyflwynir yn
dra amrywiol, ond rhaid cofio hefyd fod pob math o gerddi yn
gymwys i'w cynnwys yn y dosbarth hwn. Ceir yma gerddi sy'n
ymwneud â'r milisia ac â phris ymenyn, cerddi am etholiadau ac
am brinder darnau arian coch. Mewn un dosbarth disgrifir
troeon trwstan a ddaeth i ran rhai o aelodau'r gymdeithas: hanes
y medelwyr a gafodd gamdreuliad wedi i un o'r gweision yn y
cartref roi rhywbeth amheus yn eu bwyd, neu hanes y gŵr a
feddwodd ar ôl bod yn gwerthu ei foch ac a geisiodd ffafr rywiol
gan wraig drwsiadus yr olwg; dygodd hi ei bwrs a mawr oedd ei
wewyr pan sylweddolodd hynny y bore canlynol. Yn y diwedd
caiff wybod mai ei wraig oedd yr un y bu'n ymwneud â hi y
diwrnod blaenorol. At hyn, lluniodd Huw Jones ddyrnaid o
garolau clwb lle y canmolir aelodau'r cymdeithasau cyfeillgar a
fyddai'n cynnig cymorth i'r anghenus yn eu plith; diogelwyd

deuddeg o garolau clwb o waith Jonathan Hughes ond tair yn unig o waith Huw Jones sydd ar glawr. Yn achos un o'r tair nodir yn benodol mai cerdd wedi ei chyfieithu ydyw. Ni honnir hynny gyda golwg ar yr un gerdd arall a briodolir i Huw Jones.

Byddai cryn anniddigrwydd pan ddeuai'r gorchymyn i listio gwŷr i ymuno â'r milisia, a chafwyd helyntion mewn sawl lle yng nghwrs y ganrif. Clod i'r milwyr ac i'r swyddogion a oedd yn eu hyfforddi yw'r thema amlycaf ym maled Huw Jones i filisia sir Fôn, fel y tystia'r cwpled agoriadol:

> Pob Cristion trwy'r wlad mewn rhad ac anrhydedd, un duedd gwnawn dôn
> O fawl i filisia siŵr fwyna' sir Fôn. (BWB 244)

Rhoddir sylw hefyd i'r wedd bersonol, ac i hiraeth y ferch am ŵr neu gariad, am dad neu am frawd, yn ystod y tair blynedd a dreulid yn dilyn y milisia. Hiraeth y milwr am ei gynefin a'i gydnabod yw pwnc y faled 'F'odiaethol fwyn gymdeithion' (BWB 764). At hyn, pwysleisir bod y milisia yn cynnig gwasanaeth angenrheidiol a bod rhaid wrth y milwyr i ddiogelu'r wlad rhag gelynion rheibus o Ffrainc neu o Sbaen:

> Gwell gweled gwŷr enwog yn mentro'n galonnog
> Dan arfe dur miniog, galluog eu lle,
> Na dyfod gelynion oer drawsion i'r dre'. (BWB 244)

Y mae'r pwyslais yn wahanol yn yr anterliwtiau. Darlun comig a dychanol a gyflwynir yn *Hanes y Capten Ffactor* o'r gwŷr a listiwyd; y mae'n amlwg eu bod oll wedi ymuno o'u hanfodd a'u bod yn anabl i gyflawni eu gorchwylion. Dyma brofiad Deifes y Cybydd a gafodd y dasg o archwilio'r milwyr:

> Roeddwn i 'n gwnstabl, gwae fy nghalon,
> Pan ddaeth gwarante oddi wrth fon'ddigion;
> Mi gefes lawer o helynt gerth
> Gyda rhyw ddinerth ddynion.
>
> Mynd hyd y wlad heb neb ond fy hunan
> A pheri i mi'u hedrych a gofyn eu hoedran,
> A phawb yn ffaelio llyncu ei fwyd,
> Yn edrych yn llwyd a lledwan.

Pan rown i gnoc, neu alw,
F'âi un ffordd yma a'r llall ffordd acw,
A chyn yr awn i ganol y llawr
Bydde glampie mawr yn meirw. (AHJL 85)

Er mai cyfran fechan a gâi bleidleisio mewn etholiadau, câi pob un weiddi ei orau o blaid un o'r ymgeiswyr. Yn y faled 'Pob cwmnïwr, maeddwr meddw', cyfeiria Huw Jones at y ddiod a'r lluniaeth a gafodd y cefnogwyr yn ystod cyfnod etholiad, ac at gyflwr y rhai a fanteisiodd i'r eithaf ar y ddarpariaeth (BWB 222). Dywed, fodd bynnag, mai'r cefnogwyr a fydd ar eu colled yn y pen draw. Os gwariodd y boneddigion yn helaeth ar yr etholiad o ganlyniad i'r 'flwyddyn haeledd hon', y tenantiaid a fydd yn cyfrif y gost yn y diwedd oherwydd 'Rhaid talu trymach treth'.

Mewn sawl baled ystyrir amgylchiadau dosbarthiadau cymdeithasol neu alwedigaethau penodol. Clywir cwyn yr hwsmon mewn dwy faled a chŵyn y porthmon mewn cerdd arall. Ymdrinnir ag amgylchiadau'r tlodion ar fwy nag un achlysur. Yn y cerddi hyn, megis mewn cerddi eraill y cyfeiriwyd atynt eisoes, ystyrir effeithiau allforio ŷd ar y dosbarth lleiaf da ei fyd:

Afon Rhuddlan oedd y ne'
A hyn sy ddrwg i wragedd dre';
Llwytho gwenith oedd eich swydd,
Coel ore lwydd, cael aur i'w le,
A llawer dan brinder
Drwy'r amser, oer drymder i'r dre'. (BWB 214)

Cyflwynir y drafodaeth ar ffurf ymddiddan mewn sawl baled. Galluogai'r ddyfais hon Huw i gyflwyno dau safbwynt gwrthgyferbyniol ac i gyfosod gwerthoedd dau ddosbarth. Ceir ymddiddan rhwng Gwraig y Cybydd a Gwraig yr Oferddyn mewn dwy faled; y mae'r ddwy yn anfodlon eu byd ond clywir y naill hefyd yn cenfigennu wrth y llall. Y Meistr Tir a'r Tenant sy'n dal pen rheswm mewn dwy faled a Merch Fonheddig a Merch y Tenant sy'n dadlau dro arall. Bywyd moethus a segurdod aelodau'r dosbarth breiniol sy'n cythruddo'r tenant a'i ferch, a hwythau yn llafurio yn y caeau, boed hi'n law neu yn hindda. Pwysleisiant pa mor galed yw eu byd ond ni all y meistr a'i ferch dderbyn y safbwynt hwn. Y mae gan y tenantiaid, meddant, ddigon o foddion i'w galluogi i brynu dillad ffasiynol, i yfed te, rỳm a brandi, ac i ymladd ceiliogod.

Y mae'n amlwg fod y Cybydd, a uniaethir ran fynychaf â'r hwsmon, yn destun a apeliai at y baledwr, a'i fod yn cynnig cyfle i Huw Jones ddisgrifio patrwm bywyd ac amgylchiadau y buasai ei gynulleidfa yn gyfarwydd iawn â hwy. Byddai llawer o blith y rhai a brynai'r baledi print, neu a glywai ddatgan y caneuon mewn ffair a marchnad, yn fân ddyddynwyr y disgwylid iddynt drin eu tir a chodi cnydau, magu anifeiliaid a chyflogi gweision a morynion. Rhestrid cybydd-dod ymhlith y saith pechod marwol, ac mewn sawl baled dihiryn hunanol a diegwyddor yw'r Cybydd, gŵr a'i fryd yn barhaus ar gynnull arian ac un nad yw'n malio dim am aelodau llai ffodus y gymdeithas. Rhai felly yw Ifan a Hywel a gyflwynir mewn dwy faled ymddiddanol. Cofnodir eu hymateb pan oedd y farchnad yn codi yn y gyntaf ond eu hanniddigrwydd am fod y farchnad yn gostwng yw pwnc yr ail. Eu harwr hwy oedd George Colley, masnachwr ŷd a arferai allforio cynnyrch o Ruddlan, a gŵr yr ymosodwyd ar ei eiddo yn ystod yr helyntion a fu yn Nyffryn Clwyd yn 1740 am fod ŷd yn ddrud ac yn brin. Serch hynny, cyflwynir yr hwsmon-gybydd mewn ffordd lai gwrthun hefyd gan ei fod yn aml yn cael ei ddisgrifio yn llafurio yn egnïol a dyfal. Bydd y gweithiwr ymroddedig hwn yn fynych yn cwyno ar gyfrif afradlonrwydd ei wraig a'i blant, ar gyfrif diogi'r gweision ac ar gyfrif y trethi, a diau y buasai sawl aelod o blith cynulleidfa'r baledi yn deall ei safbwynt ac yn uniaethu ag ef.

Mewn dwy faled cyflwynir ymddiddan rhwng y Cybydd a'r Cardotyn. Nid oes gan y Cybydd ddim i'w ddweud wrth y cardotwyr sy'n gwneud dim ond byw ar y plwyf ac epilio – cyhuddiad a glywir yn fynych yn ein dyddiau ni:

> Y Cybydd
> Gwasnaethu ddylasen' yn llawen mewn lle,
> Nid myned bob hampar* dan drydar i dre';
> Wrth ymlid twmpathe a'u tine yn llawn tân
> Hepilio yn un polion yn union a wnân'.

Y Cardotyn
Duw sydd yn ordeinio hepilio ym mhob iad,
Efe ddwedodd, "Ffrwythwch neu lenwch y wlad";
Nid ar law gwragedd na bonedd y byd
Mae ordeinio hiliogeth mawr heleth o hyd.

Y Cybydd
Fe wnaethoch ei orchmynion yn rhadlon a rhydd:
Hel plant ar eich hole yn dyrre bob dydd;
Cewch weled pob llances neu ddynes yn ddwy,
Hogennod o'r gwanna' sy'n planta ar y plwy'. (BWB 205)

* hampar yma yn ffigurol, fe ymddengys, am greadur diurddas

Yr oedd y Cybydd yn un o gymeriadau canolog yr anterliwt, a hwsmon fyddai yn ddieithriad. Yn fynych deuai'r Cybydd wyneb yn wyneb â chardotyn yng nghwrs y chwarae, a chyfosodir hunanoldeb a chrintachrwydd y naill a thlodi a mawr angen y llall. Wrth drafod y cerddi i gynghori'r merched awgrymwyd bod perthynas glòs rhwng y baledi a'r anterliwtiau, ac y mae'r cerddi hynny sy'n disgrifio'r Cybydd a'r gwrthdaro rhyngddo a chardotyn yn faes arall lle y geill fod themâu a gysylltir ag un cyfrwng wedi dylanwadu ar y llall. Yr un yw ymagweddiad y Cybydd pa le bynnag y down ar ei draws, boed mewn baled neu mewn anterliwt. Daw'r cyswllt rhwng y ddau gyfrwng i'r amlwg drachefn yn y cerddi hynny lle y disgrifir y Cybydd ar ei wely angau. Clywir ymddiddan rhwng y Cybydd ac Angau yn y faled 'Wel deffro, bechadur, ac ystyr yn gall' (BWB 103). Byddai Cybydd yr anterliwt fel arfer yn marw yn dilyn ymddangosiad y cymeriad a chwaraeai ran Angau. Y mae'n bosibl fod y gân yn perthyn i anterliwt a gollwyd ond efallai fod yma enghraifft arall o ddylanwad y naill gyfrwng ar y llall.

Mewn un grŵp o gerddi deuir wyneb yn wyneb â chymeriadau haniaethol neu alegorïol. Seiliwyd un faled ar ymddiddan rhwng Cenfigen a Chariad Perffaith, ac un arall ar ymddiddan rhwng Cydwybod a Ffalster. Ymffrostia Balchder yn ei rym a'i allu mewn tair baled. Yn un o'r rhain cynigir darlun doniol o'r merched sy'n dilyn y ffasiynau diweddaraf ac sy'n dwyn penwisgoedd anghyffredin:

Mae'r merched a'u penne yn weifr ac yn lasie,
Cryn bwn o rubane, nid tene mo'u tôn,
A hwnnw ar eu 'sgwydde yn gost ac yn gastie
Yr un lun â meline sy ar fancie sir Fôn
Yn troi ar y gwyntoedd, trwy'r siroedd mae sôn. (BWB 314)

Seiliodd Twm o'r Nant ei anterliwt 'Y Farddoneg Fabilonaidd' ar 'Gweledigaeth Cwrs y Byd' Ellis Wynne. Gwelwyd bod Huw Jones yn gyfarwydd â gwaith y Bardd Cwsg, ac y mae sawl disgrifiad yn y tair baled lle y deuir wyneb yn wyneb â Balchder yn dwyn i gof yr hyn a welodd y teithiwr yn y Ddinas Ddihenydd, ac yn Stryd Balchder yn benodol. Yn wir, crybwyllir 'Stryd Balchder' yn un o'r baledi, ac anodd credu nad yw'r cwpled:

Mae'r merched yn eu lasie a'u cêr fel Liwsiffer mewn ffeirie
A chryn werth punt o eiddo siop wedi pwnio ar dop eu penne
(BWB 241)

yn adleisio disgrifiad Ellis Wynne o'r 'goegen gorniog fel llong ar lawn hwyl, yn rhodio megis mewn ffrâm, a chryn siop pedler o'i chwmpas, ac wrth ei chlustiau werth tyddyn da o berlau' (P.J. Donovan a Gwyn Thomas, goln., *Gweledigaethau y Bardd Cwsg Ellis Wynne*, 13).

Y mae'r caneuon sy'n cyflwyno nodweddion y cymeriadau haniaethol unwaith eto yn arwain at y berthynas rhwng y ddau gyfrwng, y faled a'r anterliwt. Nod amgen anterliwtiau Twm o'r Nant yw'r lle amlwg a roes i gymeriadau haniaethol. Fel y gwelir yn y bennod nesaf, cynhwysai'r anterliwt ddwy haen, haen sefydlog yn seiliedig ar y gwrthdaro rhwng y Cybydd a'r Ffŵl, a haen gyfnewidiol a allai fod yn seiliedig ar ddeunydd cyfoes, ar stori boblogaidd gyfarwydd, ar destun llenyddol neu ar y Beibl. Yr hyn a wnaeth Twm o'r Nant oedd cyflwyno gwrthdaro rhwng haniaethau anghymarus yn haen gyfnewidiol ei anterliwtiau ef, fel y tystia'r enwau *Pleser a Gofid* a *Cybydd-dod ac Oferedd*. Cariad, Tlodi ac Angau sy'n dod wyneb yn wyneb yn *Tri Chryfion Byd*, a Rhyfyg Natur, Anrhydedd Byd a Chydwybod yn *Tri Chydymaith Dyn*. Ar un ystyr y mae anterliwtiau Twm o'r Nant yn llai deniadol am eu bod yn cyflwyno un stori annibynnol yn hytrach na dwy, a lle eilradd a roddir i'r gwrthdaro traddodiadol rhwng y Cybydd a'r Ffŵl. Ar y llaw arall ceir mwy o undod yn ei anterliwtiau ef am fod y gwrthdaro rhwng y cymeriadau haniaethol yn yr haen gyfnewidiol yn ddrych i'r gwrthdaro yn y ddrama deuluol rhwng y Cybydd a'r Ffŵl. Awgrymwyd mai athrylith a gweledigaeth Twm o'r Nant ei hun oedd wrth wraidd y datblygiad hwn. Ni welir unrhyw gymeriadau haniaethol mewn dwy anterliwt o blith y tair a lywiodd Huw Jones trwy'r wasg, ac er bod dau gymeriad haniaethol yn *Protestant a Neilltuwr*, sef Cydwybod a Gwirionedd, nid hwy yw'r cymeriadau pwysicaf o bell ffordd. Hwyluso cwrs y chwarae yw eu prif swyddogaeth ac ni cheir gwrthdaro rhyngddynt fel y ceir yn anterliwtiau Twm o'r Nant maes o law. Fodd bynnag, y mae'n arwyddocaol i Huw Jones gyflwyno cymeriadau haniaethol mewn sawl baled o'r eiddo er na ddewisodd ddilyn y trywydd hwnnw yn ei anterliwtiau. Nid llai diddorol yw i Huw Jones lunio rhai o'r baledi hyn rhwng 1765 ac 1767. Fe'u lluniwyd felly cyn i Dwm o'r Nant lunio ei anterliwtiau pwysicaf, ac nid annichon fod baledi fel y rhain wedi dylanwadu ar gyfansoddiadau Bardd y Nant, er ei bod yn bosibl fod dylanwad Elis y Cowper ar waith hefyd gan iddo ef gynnwys sawl cymeriad haniaethol yn ei anterliwtiau ef.

Nid oes dim yn y cerddi eu hunain sy'n datgelu ai ar gyfer eu datgan ai ar gyfer eu hargraffu y lluniwyd hwy (a gweler y sylwadau yn y bennod gyntaf ar berthynas y baledwr â'r datgeiniad ar y naill law ac â'r gwerthwr ar y llaw arall). Dyfais gyffredin ydoedd agor baled trwy gyfarch y gynulleidfa (er na ddigwydd hynny bob tro o bell ffordd). Weithiau anogid y gynulleidfa i ddod ynghyd a thro arall gofynnid i'r gynulleidfa ymdawelu er mwyn gwrando ar yr hyn a oedd gan y baledwr i'w draethu:

> Cydneswch yma, bawb, yn glir i ystyried gwir ystori ... (BWB 165)
> Trigolion yr holl wledydd lawn ufudd, dowch yn nes ... (Llsgr. LlGC 13947B, 23b)
> Y mwynion Gymry, gwnewch ostegu ... (BWB 76A)
> Pob dyn diniwed, cydwrandawed ... (BWB 126)
> Gwrandewch, y glân deulu, felly mae f'ewyllys ... (BWB 839)

Nid arferir dyfais o'r fath bob tro, ac nid yw hi'n dilyn fod pob cerdd sy'n cynnwys archiad o'r fath yn rhai a luniwyd i'w datgan. O blith y dosbarthiadau thematig a drafodwyd yn y bennod hon gwelir mai mewn un dosbarth yn unig yr arferir y ddyfais ym mhob un o'r cerddi. Dosbarth y cerddi a oedd yn ymwneud â digwyddiadau cyffrous, yn ddamweiniau ac yn llofruddiaethau, oedd hwnnw, a hawdd deall sut y gallai'r datgeiniad ddenu sylw ei wrandawyr gydag arlwy o'r fath. Ar yr un pryd y mae'n arwyddocaol fod pob un o'r cerddi dan sylw wedi eu hargraffu, ac mewn ffynhonnell brint y diogelwyd y cyfan (ac eithrio un gerdd sydd yn anghyflawn – diogelwyd y pennill olaf mewn copi llawysgrif). Ar lawer ystyr, dyfais hwylus wrth agor baled yw'r geiriau 'Gwrandewch' a 'Dowch yn nes', a'r cyfryw, ac ni ddylid rhoi gormod o bwyslais arni.

Yn achlysurol, defnyddir y ddyfais mewn ffordd gynhwysol trwy awgrymu y bydd y deunydd o ddiddordeb i bawb yn ddiwahân:

> Y chwi, foneddigion haelion hylwydd,
> Chwithe, ladis yr holl wledydd,
> Pob meinir addfain gegfain goegfall
> A phob eurych a phawb arall,
> Mewn moddion diball, dowch;
> Holl faledwyr a phrydyddion
> Penne agored, poene gwirion,
> Holl ddynion cleifion, clywch. (BWB 77A)

Rhan fynychaf, fodd bynnag, cyferchir dosbarthiadau penodol, ac y mae'r dosbarth hwnnw yn ei dro yn awgrymu pwnc y faled. Agorir nifer o'r baledi crefyddol yn y dull hwn: 'Dydi, bechadur bydol, un haeddol, ystyr heddiw' (BWB 116), 'Pob trwm bechadur cnawdol annuwiol, dewch yn nes' (BWB 135A), 'Pob Cymro diniwed sy'n meddwl am ei ened, / Doed yn nes i wrando ...' (BWB 483). A barnu wrth y llinellau agoriadol, sylw'r merched a geisid yn y baledi cynghori ('Pob meinir gu rhag mwy o gas', gw. BWB 239) ond neges ar gyfer y dynion sydd yn y baledi ar bwnc meddwdod a'i ganlyniadau ('Gwrando di, 'r meddwyn, yn ddygyn dy ddull', gw. DG 149). Agorir rhai o'r baledi sy'n ymwneud â bywyd yr oes trwy gyfarch 'pob hwsmon', 'y tenantied' neu 'yr holl gybyddion'.

'Rhigymwr lled gyffredin' oedd Huw Jones yng ngolwg Charles Ashton (*Hanes Llenyddiaeth Gymreig* 245). Fel 'Rymynnwyr melltigedig' a '*rhyme taggers*' y syniai Goronwy Owen am faledwyr ei oes (J.H. Davies, ed., *The Letters of Goronwy Owen*, 17, 140), a barnai neb llai na John Morris-Jones na cheid yn y math o gerddi a lunnid gan Huw Jones a'i gyd-brydyddion ddim namyn 'cleciadau cras'. Ped ystyrid y baledi yn fwy gwrthrychol rhaid fyddai cydnabod eu bod yn amlygu camp dechnegol eithriadol. Ni fodlonwyd ar barchu'r odl derfynol yn unig wrth briodi geiriau ag alaw gerddorol. Dewisodd y beirdd addurno pob cwpled ym mhob pennill ag odlau mewnol a chyflythrennu. Odli mewnol a chyflythrennu yw hanfodion y gynghanedd sain, a chynnwys y rhan fwyaf o'r cwpledi un gynghanedd sain estynedig ac weithiau ddwy, er bod ambell fesur, megis 'Y Foes', yn cynnig y cyfle i lunio cynganeddion croes, fel y tystia llinellau megis:

> geirie dethol a gwŷr doethion
>
> braw a dolur, briw dieli
>
> mor ffraeth i gyd o ffrwyth a gwin
>
> o goed yn gampus, gwiwdeg impie (DG 144)

Cyffyrddiadau cynganeddol yn hytrach na chynganeddion sain rheolaidd sydd yn llawer o'r llinellau, fel y gwelir ym mhennill cyntaf y faled 'Pawb sydd ganddo glustie clir' (BWB 116). Y mae'r llinell gyntaf yn ffurfio cynghanedd sain ddiacen reolaidd, a cheir cynganeddion rheolaidd yn y drydedd linell ac yn y bumed drachefn. Cynganeddion sain gadwynog sydd yn y tair llinell arall, a gwelir bod dwy swyddogaeth wahanol yn cael eu cyflawni gan ddau air annibynnol: yn yr ail linell *byd* ac *ynfyd* sy'n odli, ond *filen* a *fales* sy'n cynganeddu. Megis yn y llinellau sain rheolaidd ymglywir ag apêl addurn yr odl fewnol a'r cyflythrennu yn y llinellau hyn:

Pawb sydd ganddo glustie clir, gwrandewch ar **dd**ifyr **dd**yfes
A gwelwch fod cryn bart o'r byd tan **fi**len ynfyd **fa**les;
Rhai fu'n dilyn meddw-dod maith a rhai'n gybyddion eirwon iaith,
Gwnaiff rhai odineb, arw daith, gan **go**ledd gwaith y **ge**lyn;
Ac ynte sydd i'n denu ni â phob rhyw bleser, **ffr**aethder **ffr**i,
I geisio ein rhwystro at wirDduw Tri go**so**dodd rwydi **sy**dyn.

Dyfynnir isod bennill cyntaf y gerdd sy'n cyfarch milisia sir Fôn (BWB 244). Patrymwyd y geiriau ar y dôn 'Dydd Llun y Bore', mesur a oedd yn caniatáu i'r awdur amlygu ei hyfedrwydd i'r eithaf. Dangosir y patrymau odli a chyflythrennu, a gwelir pa mor gymhleth yw'r patrwm a pha mor gyson y'i cynhelir.

Pob Cristion trwy'r wlad mewn **rh**ad ac an**rhyd**edd, **un d**uedd
    gwna**wn dô**n }}
O fawl i filisia si**ŵr f**wyna' sir **F**ôn; }}
Y dynion mwyn clir **sa**in **d**ifyr sy'**n d**yfod er **m**awrglod, wŷr
    maith,]]
Dys**g**u trin cledde a **g**ynne ydy*w eu* **g**waith;]]
Rhag ofn i'r gelynion erchylla' *eu* dichellion yn ddirgel ddwad aton,
    rai **d**wysion, **a**r **d**ir
Y rhain sydd dan arfe tros dair o flynydde, rai gwrol eu geirie, yn
    dwyn **c**ledde, **d**awn **c**lir,
Rhag dyfod ryw ddiwrnod oe**r s**yndod i'**r s**ir;
Y rhain yw'r gwŷr gwaredd trwy felys orfoledd am gadw
    tangnefedd sydd **b**uredd yn **b**od;
Byw'n **b**ur yw eu pwrpas fel dethol gymdeithas dan frenin y
    dyrnas, mae'**n** addas y **n**od,
Ni ddylen trwy Gymru **dd**a **g**lymu i**dd**yn' **gl**od.

O Loegr y daeth y mesur 'Monday Morning'. Rhoddwyd iddo enw Cymraeg a'i gynysgaeddu, fel y gwnaed yn achos y mesurau eraill a fabwysiadwyd, ag addurn y gynghanedd. O'r 1770au ymlaen y daeth y mesur hwn yn boblogaidd yng Nghymru, ond lluniwyd pump o'r wyth baled o waith Huw Jones ar y mesur yn ystod ail hanner y chwedegau. Byddai ef ymhlith y rhai cyntaf, felly, i arfer y mesur hwn.

Rhaid cydnabod bod anfanteision yn perthyn i addurn o'r math hwn. Yn fynych rhaid wrth sangiadau llanw er mwyn sicrhau bod gofynion yr odl fewnol neu'r cyflythrennu yn cael eu parchu; dro arall rhaid wrth ddilyniant o ansoddeiriau lle y buasai un wedi gwneud y tro yn burion. Yr hyn sy'n destun syndod, o ystyried i awduron y baledi gaethiwo eu cyfrwng i'r fath raddau, yw fod y brawddegau ran fynychaf yn llifo yn ddiymdrech, ac nid ymddengys fod y gofynion technegol yn amharu yn ormodol ar allu'r bardd i gyflwyno ei neges yn glir ac yn effeithiol. Y mae'n amlwg fod gan y beirdd iaith gyfoethog ac y mae eu hamlder Cymraeg yn eu galluogi i wynebu'r her wrth gywreinio pob llinell. Y mae'n dilyn fod yr iaith gyfoethog yn ddealladwy i'r gwerinwyr cymharol ddi-ddysg a glywai ddatgan y baledi mewn ffair a marchnad.

Wrth ddarllen y corff o faledi a luniwyd gan Huw Jones ni ellir llai nag ymglywed â rhai trawiadau cyfarwydd megis 'moddau mawr' neu 'ffraethlon ffri', a bu'n dda gan y bardd wrth glymiadau megis y rhain. Eto gwelir ei ddyfeisgarwch wrth iddo gyfuno'r ansoddair 'ffri' â gair cyfansawdd sy'n cynnwys yr elfen 'ffraeth' yn y llinellau hyn:

> A dyna'r moddion *ffraethlon ffri* mewn gole serch y gweles-i

> Pe cawn-i 'n sydyn faetsio 'nghorffyn â llencyn *ffraethwyn ffri*

> Nes mynd o'm power hyd dy dreser yn bewter *ffraethber ffri*

> Cofia Ddeifas *ffraethwas ffri*, er mor greulon oedd ei gri

> ... pob perllenni a llwyni yn llawn
> O bob hyfrydol reiol rawn yn gyflawn *ffraethlawn ffri*

> Pob cangen *ffraethwen ffri*, gwrandewch fy nghyngor i

Seiliwyd y rhan fwyaf o'r odlau ar derfyniadau llafar ond y mae'r defnydd a wneir yn achlysurol o'r terfyniadau llenyddol yn arwydd arall o ddyfeisgarwch y bardd a'r modd y manteisiai ar hyblygrwydd ei gyfrwng. Ac felly gwelir odli *eneb / fyned* ar y naill law, ac *enaid / rhaid* ar y llaw arall, *perffaith / gwaith* ar y naill law a *perffeth / gelynieth* ar y llaw arall. Y terfyniad enwol *–e* yn hytrach nag *–au* a arferir fynychaf ond ar dro odlir ffurfiau megis *edifarhau / brau / cadwynau / poenau*:

Bydd tragwyddoldeb yn nesáu a ninnau heb ddechrau edifarhau
A'r gelyn fry i'n galw'n frau i gadwynau poenau penyd. (BWB 116)

Gwedd arall ar hyblygrwydd y cyfrwng yw'r modd y dewisir naill
ai camdreiglo neu anwybyddu treiglad er mwyn sicrhau
cyfatebiaeth gytseiniol, er na ddigwydd hyn yn fynych iawn. Ni
welir ym maledi Huw Jones y llurgunio cystrawennol sy'n un o
nodau amgen emynau William Williams, Pantycelyn, cyfrwng
arall lle y priodir gair ac alaw gerddorol.

Ar dro ailadroddir fformiwla neu ymadrodd yn null y penillion
telyn a phenillion y Ficer Prichard er mwyn pwysleisio neu
gyferbynnu. Ceir un enghraifft yn y faled 'Pob dyn sy'n perchen
bedydd' lle yr anogir pob un i barchu'r Saboth:

> Nid diwrnod meddwi a chware a roed yn rhydd yw'r seithfed dydd
> Ond dydd i foli'r Drindod trwy glod a pharod ffydd;
> Nid diwrnod tyngu a rhegi na checru 'chwaith yn filen faith,
> Nid diwrnod gwag farchnata a'i gadw'n sala' o'r saith;
> Nid diwrnod i negesa trwy'r byd yma, tryma' tro,
> Ond diwrnod gwaith i fynd ar daith i'r nefoedd faith yw fo;
> Dydd y dylen ninne bwrpasu ein siwrne heb ame i ben,
> Dydd nefol wawr i gofio'r awr a'r diwrnod mawr, Amen. (BWB 74)

Yn y ddwy faled ar y mesur 'Ffarwél Brydain', y garol blygain
'Holl brydyddion fuddiol foddion' a'r gerdd annerch 'Gyrru'r
ydwyf mor garedig', ailadroddir yr un gair ar ddechrau pob
pennill, a chysylltir pob pennill â chyrch-gymeriad (DG 89; BWB
480).

Uniongyrchol yw'r mynegiant yn y rhan fwyaf o'r baledi er i
Huw Jones, fel y gwelwyd, arfer iaith drosiadol yn y cerddi
crefyddol wrth bwysleisio darfodedigrwydd bywyd ac yn y cerddi
a luniwyd i annog y merched i ddiogelu eu gwyryfdod. Mewn
ambell faled cynhelir trosiad estynedig o'r dechrau i'r diwedd. Y
syniad fod y berthynas rhwng yr unigolyn a Christ yn debyg i
briodas sy'n rhoi undod i'r faled 'Y cwmni gwaredd lluniedd llon'
(Llsgr. LlGC 346B, 218), tra cyffelybir y gariadferch i ardd
brydferth yn y faled 'Dowch yn hyddysg, fawrddysg feirddion' –
darn sy'n fwy anghyffredin ac yn annodweddiadol o waith Huw
Jones am ei fod yn cynnwys nifer o gyfeiriadau clasurol (DG 144);

efelychiad sydd yma yn ddiau o gerdd Elis Cadwaladr ar yr un mesur, 'Holl brydyddion Meirion mawredd'.

Y mae'r baledi y cyfeiriwyd atynt yn yr arolwg hwn yn codi cwr y llen ar y pynciau tra amrywiol a apeliai at drwch y boblogaeth yn ystod y ddeunawfed ganrif. Er bod a wnelo llawer ohonynt ag amgylchiadau ac amodau gwaith gwerinwyr cyffredin fe'u saernïwyd yn grefftus, ac anodd ategu safbwynt Thomas Parry a ddadleuodd 'nad oes iddynt werth llenyddol' (*Baledi'r Ddeunawfed Ganrif* 23). Diau fod Thomas Parry yn llygad ei le wrth esbonio i'r baledi gael eu dilorni gan sylwebwyr diweddarach nid ar gyfrif eu cynnwys fel y cyfryw, ac nid ychwaith ar gyfrif eu diffyg crefft, ond yn syml am eu bod yn perthyn i'r oes dywyll cyn y Diwygiad Methodistaidd a thwf Anghydffurfiaeth: 'Eu drwg, yng ngolwg y rhan fwyaf o grefyddwyr, oedd eu bod yn rhan o'r bywyd ysgafala a oedd yng Nghymru cyn yr adfywiad mawr' (*ibid.*, 16). Ymddengys ei fod yntau, ac eraill, wedi bod yr un mor barod i brisio'r baledi yn ôl yr un llinyn mesur, a da gweld bod pwysigrwydd y deunydd hwn yn dechrau cael ei gydnabod.

III

YR ANTERLIWTIAU

Wel, myn y gole, on'd oes arna-i gywilydd
Gael enterlute gan hen Huw'r prydydd,
A chymaint o'r rheini sydd wedi bod
Yn cael mawr glod trwy'r gwledydd? (AHJL 204)

Sylw tafod-mewn-boch yw hwn ar ddechrau'r anterliwt
Protestant a Neilltuwr. Arfer yr anterliwtwyr fyddai cynnig
apologia ar eu rhan eu hun ac ar ran y chwaraewyr, a gofyn i
aelodau'r gynulleidfa ddygymod â'u gwendidau ac â'u
hymdrechion trwsgl. Ond nid rhaid amau yr hyn a ddywed Huw
am boblogrwydd ei anterliwtiau. Byddai ei enw yn hysbys i
drigolion plwyfi siroedd Meirion a Dinbych, a diau y byddai
llawer o brynwyr y baledi y buwyd yn eu trafod yn y bennod
flaenorol wedi gweld cyflwyno rhai o'i anterliwtiau er na
ddiogelwyd unrhyw dystiolaeth annibynnol am y perfformiadau
a'r ymateb iddynt. Gwyddys am bum anterliwt a luniwyd gan
Huw Jones. Yn achos un ohonynt, y teitl yn unig sy'n hysbys, sef
'Hanes Castell Dinas Brân'. Diogelwyd 'Pandosto' yn llawysgrif
LlGC 12865A, a nodir ar ddiwedd y testun: 'Diwedd Yr Enterliwt
Hugh Jones Llangwm Ai Gwnaeth Rees Lloyd ai ysgrifenodd
Medi 7 1786'. Ysywaeth, collwyd rhai o dudalennau llawysgrif
LlGC 12865A ac y mae rhannau o'r testun yn annarllenadwy.
Serch hynny, y mae'n siŵr fod Rees Lloyd yn llygad ei le wrth
iddo dadogi'r anterliwt ar Huw Jones. Argraffwyd un o ganeuon
'Pandosto' mewn baled, ac i Huw Jones y'i priodolir (BWB 483).
Y mae tystiolaeth Rees Lloyd yn ymddangos yn un ddibynadwy

am reswm arall. Gwyddys iddo ef gymryd rhan mewn anterliwtiau. Teitl un o'r cerddi a gofnodwyd ganddo yn llawysgrif Cwrtmawr 41 (rhan ii) yw 'Dau Benill ar Charity Meistres J annerch Rees Lloyd, a Robert Williams ag Edward Jones pan oeddent yn chware Enterliwt ynghynwyd ag i ddeusuf J helusen ir Boblach Dylodion Lle roeddent yn chware' (t. 152). Tybed ai copi a ddefnyddiai wrth iddo baratoi ar gyfer perfformiad o 'Pandosto' sydd yn llawysgrif LlGC 12865A? Cynnwys llawysgrif Cwrtmawr 41 gorff sylweddol o faledi ail hanner y ddeunawfed ganrif, ac y mae sawl baled o waith Huw Jones yn eu plith. Copïwyd un o'r cerddi hynny gan Huw Jones ei hun, a theg tybio bod yr awdur a'r perfformiwr yn gyfarwydd â'i gilydd. Y mae lle i gredu mai yn ystod y Rhyfel Saith Mlynedd (1756–63) y lluniwyd yr anterliwt hon, a chyn 1761–2 pan ymddangosodd y gân mewn print. Un o ganlyniadau'r Rhyfel Saith Mlynedd oedd prysuro sefydlu corff o filisia ym mhob sir. Dechreuwyd codi llu yn sir y Fflint yn 1759 ac yn sir Ddinbych yn 1760. Mewn un olygfa yn 'Pandosto' caiff y Cybydd a'r Ffŵl eu listio, a diau fod yr anterliwt yn cynnwys un o'r cyfeiriadau cynharaf at y milisia.

Ymddengys mai yn ystod y chwedegau y lluniwyd tair anterliwt arall a ddiogelwyd hefyd. Yn wahanol i 'Pandosto' argraffwyd y tair hyn, sef *Hanes y Capten Ffactor, Histori'r Geiniogwerth Synnwyr*, a *Protestant a Neilltuwr. Hanes y Capten Ffactor* yw'r gwaith mwyaf adnabyddus yn gymaint â bod cyfeiriadau ato yn llythyron y Morrisiaid. Fe'i hargraffwyd yn Llundain yn 1762 pan oedd Huw yn llywio'r *Diddanwch Teuluaidd* trwy'r wasg, a William Roberts a argraffodd y ddau waith. Fel y gwelwyd yn y bennod gyntaf, cywaith a luniwyd gan Huw Jones a Siôn Cadwaladr yw *Y Brenin Dafydd*, a geill fod hwn yn rhagflaenu'r gweithiau unigol.

Un copi print a ddiogelwyd o'r pedair anterliwt a argraffwyd. Collwyd diwedd *Histori'r Geiniogwerth Synnwyr*, a chollwyd dalen yng nghanol *Y Brenin Dafydd*. Dichon nad 'Hanes Castell Dinas Brân' oedd yr unig destun a aeth i ebargofiant, ac fel y nodwyd yn y bennod flaenorol gallai rhai o'r baledi ar themâu megis cynghori'r merched ifanc a chwynion y Cybydd berthyn i destunau a ddiflannodd.

Nodwyd bod neges ddiamwys yn cael ei chyflwyno yn y baledi er bod eu pynciau yn amrywio yn fawr. Byddai'n rhyfedd pe bai Huw Jones wedi dewis peidio ag ailadrodd ei genadwri yn ei anterliwtiau. Eto, pe bai modd holi'r awdur diau y byddai'n maentumio mai ei bennaf amcan oedd cynnig pleser i'w gynulleidfa. Datgenir ar ddiwedd *Hanes y Capten Ffactor*:

> Ar bob mwynwr yr wy'n dymuned,
> Am hyn eleni a lunied,
> Ei gymryd o 'n bleser ddyddie ha'
> Dan awyr, mae'n dra diniwed. (AHJL 137)

Gobaith awdur 'Pandosto' ydoedd:

> Ac yr yden ni yn ddiwradwydd
> Yn gobeithio, gwmni hylwydd,
> Nad oedd yma neb yn hyn o fan
> Yn edrych ond o ran diniweidrwydd.
>
> (Llsgr. LlGC 12865A, 53a)

Buasai sawl elfen yn cyfrannu at y pleser. Yn y lle cyntaf ceir ym mhob un o'r anterliwtiau stori afaelgar, a dangosodd Huw Jones ei fod yn bencampwr ar gyflwyno'r deunydd a oedd ganddo mewn ffordd hwyliog a diwastraff. Mantais yn hyn o beth oedd y prif gyfrwng, y triban a'r cwpledi odledig ar batrwm yr hen benillion, dau fesur a oedd yn hawlio cynildeb. Dyma un rhinwedd nad yw mor amlwg yn ei faledi. Rhoddai'r baledi a oedd yn seiliedig ar ddamweiniau a llofruddiaethau gyfle i'r baledwr ddatgelu ei fedr wrth adrodd stori, ac felly hefyd y cerddi a fyddai'n ymwneud â throeon trwstan. Nid yw'r baledi a ganodd Huw Jones ar destunau o'r fath yn niferus iawn, ac ni chanodd o gwbl ar bwnc arall a fyddai wedi rhoi cyfle iddo arddangos ei ddawn fel storïwr, sef hanesion y merched hynny a wisgai fel dynion er mwyn chwilio am gariadon a oedd wedi gorfod ymlistio a gadael eu cynefin (er mwyn osgoi llid a digofaint tad y gariadferch ran amlaf). Ar y llaw arall, defnyddiodd ddyfais yr ymddiddan mewn sawl baled, a dangosodd yn y rhain y gallai lunio deialog bachog yn ddiymdrech. Ar gynfas ehangach yr anterliwt yn hytrach nag yn y baledi yr amlygodd ei ddawn fel storïwr. Ac yr oedd y cyfrwng hwnnw yn cynnig cyfle deublyg i'r storïwr medrus; ochr yn ochr â'r stori a rôi ei henw i'r anterliwt (neu'r deunydd cyfnewidiol fel y'i disgrifiwyd) ceid ail stori yn seiliedig ar helyntion teuluol y Cybydd a'i ymwneud â'r Ffŵl. Galwyd y deunydd hwn yn ddeunydd traddodiadol. Gwyddai'r gynulleidfa am y gwrthdaro rhwng y ddau gymeriad, er y byddai'r union fanylion yn amrywio o anterliwt i anterliwt. Gwyddai ymhellach fod elfennau cwrs a masweddus yn perthyn i'r haen draddodiadol, a byddai'r deunydd hwn drachefn yn ychwanegu at y pleser, er na fyddai sylwebwyr diweddarach yn cytuno â datganiad y Traethydd yn *Histori'r Geiniogwerth Synnwyr* mai deunydd 'diniwed' a diddrwg-didda a arlwyid gerbron y gynulleidfa:

> Gobeithio cawn ddistawrwydd
> Heb falais na llidiowgrwydd;
> Mi draethwn ichwi ar eirie pleth
> Ddiniwed chw'ryddieth newydd. (AHJL 142)

Ychwaneger at y rhain y canu a'r dawnsio, yr ystumiau a'r symudiadau (i'r graddau y caniateid hynny ar lwyfan fechan ar ffurf bwrdd neu wagen), a'r deialog bachog wrth i'r naill gymeriad a'r llall ddal pen rheswm, a gellir dechrau dirnad apêl y cyfrwng a'r croeso a gâi'r chwaraewyr crwydrol ar eu hymweliad â llan neu bentref.

Y mae'n amlwg mai storïau serch a apeliai at Huw Jones, a'r rheini yn rhoi lle amlwg i ffyddlondeb a theyrngarwch, ac i absenoldeb y cyfryw. Yr oeddent hefyd yn storïau hysbys a oedd wedi cylchredeg y tu allan i Gymru, er na ellir barnu bellach pa mor gyfarwydd ydoedd y cyhoedd yng Nghymru â hwy.

Ar waith rhyddiaith Robert Greene, *The Triumph of Time* (1588) – a chynsail *The Winter's Tale* William Shakespeare – y seiliwyd 'Pandosto', er bod y plot yn llai astrus o lawer yn anterliwt y Cymro. Adroddir am gynllwyn Pandosto, tywysog Bohemia, i ladd ei gyfaill, Egistws, tywysog Sysilia, am ei fod yn argyhoeddedig ei fod yn chwennych ei wraig, a bod y ddau wedi godinebu. Datgelir y cynllwyn wrth Egistws a dychwel ar frys i'w deyrnas – gweithred sy'n tystio i'w euogrwydd yng ngolwg Pandosto. Carcherir y dywysoges Belaria a genir merch iddi. Myn y tywysog ladd y fechan ond derbyn gyngor ei swyddogion, ac fe'i rhoddir mewn cwch a'i gadael ar drugaredd y tonnau. Ni fyn arbed ei wraig, serch hynny, ac y mae yn benderfynol y caiff ei ladd. Yn ffodus, caiff ei berswadio i anfon cenhadon at yr oracl er mwyn cael prawf a oedd hi yn euog ai peidio. Dychwel y cenhadon a cheir gwybod bod y dywysoges yn wir yn ddieuog. Diweddglo trist sydd i'r rhan hon o'r stori a byr yw llawenydd Belaria. Dilynir datgeliad y cenhadon gan y newyddion am farwolaeth yr aer, cyntafanedig Pandosto a Belaria, a daw marwolaeth i ran Belaria, hithau. Yn y cyfamser clywir am garwriaeth Dorastws, mab Egistws, â Ffawnia, merch brydferth yr oedd bugail tlawd wedi ei chanfod mewn cwch ar y traeth. Rhaid i'r cariadon ffoi am na fyn Egistws i'w fab briodi merch o gefndir di-nod, a glaniant yn nheyrnas Pandosto. Yn y lle cyntaf myn Pandosto gael Ffawnia yn wraig ond wedi i'r bugail ddatgelu sut y cafodd hyd iddi sylweddolir pwy yw ei thad, unir y cariadon, cymodir Pandosto ac Egistws, ac addewir y deyrnas i Ffawnia a'i gŵr.

Bu'r deunydd a gyflwynwyd yn *Histori'r Geiniogwerth Synnwyr* yn cylchredeg mewn sawl gwlad. Hanes marsiandwr sy'n cefnu ar ei wraig ac yn dewis ffafrau putain sydd yma. Cyn iddo adael ar un o'i fordeithiau, gofyn y wraig iddo brynu gwerth ceiniog o synnwyr. Cyferfydd y marsiant â henwr sy'n ei gynghori i ddychwelyd yn llwm ei wedd at y ddwy wraig yn eu tro. Ni chaiff groeso o gwbl gan y butain ond derbyn ei wraig ef â dwylo agored, a sylweddola'r marsiant iddo weithredu yn fyrbwyll iawn trwy gefnu arni. Ceir esgyrn sychion y stori yn un o faledi hunangofiannol Huw Jones. Cyfeddyf yn 'Pob dyn diniwed sy yn y byd' (BWB 196A) i'w wraig fod yn driw iddo, fel gwraig y marsiant yn y chwedl, er gwaethaf y trafferthion a ddaethai i'w ran:

A finne sydd na fedda-i neb a dry mo'i wyneb ata'
Ond mam 'y mhlant sydd imi yn fwyn yn cofio ar dwyn amdana'.

Adroddir y stori yn gynnil hefyd yn y gerdd 'Rhiw hap a ddaeth imi wrth ddarllen rhiw bwitri' a briodolir i Huw ab Ieuan ap Rhobert o Ddolgellau ac a gopïwyd gan Richard Morris o Fôn oddeutu 1718 yn ei lawysgrif o gerddi (T.H. Parry-Williams, gol., *Llawysgrif Richard Morris o Gerddi*, 161).

Y mae'n bosibl mai yn ystod ei arhosiad yn Llundain pan oedd y *Diddanwch Teuluaidd* yn cael ei argraffu y trawodd Huw Jones ar y stori y seiliwyd *Hanes y Capten Ffactor* arni. Adroddir fersiwn cryno o'r stori ar ffurf cwpledi odledig yn *The Factor's Garland* a argraffwyd yng Nghaerwrangon tua 1765, er bod ambell fanylyn yn wahanol yn y testun hwnnw. Yn ystod ei daith i wlad Twrci gwêl y Capten gorff Cristion ar y ffordd, ac er nad oes ganddo lawer o foddion rhy hanner canpunt er mwyn sicrhau claddedigaeth deilwng iddo. Ymhen dim o dro daw ar draws caethferch ifanc o Gristion sydd ar fin cael ei dienyddio am iddi sarhau ei meistres. Rhaid i'r Capten dalu canpunt i'w rhyddhau, a dychwel hi gydag ef i'w gartref yn Llundain. Cyn iddo gychwyn ar ei daith nesaf i Fenis rhy'r forwyn, Prudensia, wasgod a addurnasai yn gywrain iddo. Yn Fenis datgelir mai merch y tywysog Stanislaus oedd Prudensia. Fe'i cipiasid gan y Tyrciaid a'i chaethiwo, a mawr yw llawenydd ei rhieni o glywed ei bod yn dal yn fyw. Fe'i haddewir yn wraig i'r Capten os daw â hi yn ddiogel i Fenis drachefn. Ar eu taith i Fenis o Lundain teflir y Capten i'r môr gan y Capten Convoy sy'n gobeithio cael Prudensia yn wraig iddo ef ei hun. Llwydda'r Capten i nofio i ynys gyfagos ac fe'i hachubir gan gychwr ar yr amod y caiff fab cyntafanedig y Capten os llwydda i gyrraedd Fenis a phriodi Prudensia. Ymhen deng mis ar hugain daw i hawlio ei wobr er mawr anniddigrwydd i'r Capten a'i wraig Prudensia, ond ni fyn y cychwr gadw'r plentyn. Dywed mai rhith ydyw ac mai ef oedd y corff y sicrhaodd y Capten ei fod yn cael ei gladdu yng ngwlad Twrci, ac am i'r Capten ymddwyn mor anrhydeddus fe ddaeth yn rhith cychwr i'w achub pan oedd mewn trybini ac yn gaeth ar yr ynys.

Yn 'Pandosto' clywir am deyrngarwch Belaria i'w gŵr er iddo ei chaethiwo, ac erys y cariadon, Ffawnia a Dorastws, yn driw i'w gilydd er gwaethaf pob rhwystr. Yn yr un modd ni chefnodd gwraig y marsiant ar ei gŵr er iddo ymserchu yn y butain, Bronwen, ac er ei fod i bob golwg yn dlawd a diymgeledd. Ni fynnodd Prudensia briodi'r Capten Convoy cyn cael cyfle i alaru am y darpar ŵr y credai ei bod wedi ei golli. Pwysleisir hefyd yn y tair anterliwt fod gweithredoedd da yn cael eu gwobrwyo a phob bai a thramgwydd yn cael eu cosbi. *Hanes y Capten Ffactor* sy'n cyflwyno'r neges hon orau. Achubwyd y Capten o'r ynys a dychwelwyd ei fab yn ddianaf iddo am iddo gladdu'r gelain yng ngwlad Twrci, a chafodd ferch y tywysog yn wraig am iddo ei hachub hithau. Daeth marwolaeth erchyll i ran y Capten Convoy ar y llaw arall am iddo geisio ennill Prudensia trwy dwyll. Y neges hon sy'n rhoi undod i'r baledi y buwyd yn eu trafod, ac nid yw'n destun syndod ei bod yn cael ei hailadrodd ym mhob un o'r anterliwtiau; yn *Histori'r Geiniogwerth Synnwyr*:

> Ond rhybudd i Gristnogion
> Fyw yn onest ac yn union,
> Yn wŷr, yn wragedd ac yn blant,
> A gwylio chwant y galon. (AHJL 143)

yn *Protestant a Neilltuwr*:

> Gochel drwg a gwneud daioni
> Mae Crist o'r Nefoedd yn ei erchi. (AHJL 266)

a hefyd yn *Hanes y Capten Ffactor*:

> Cewch weled yma gwedi
> Y Ffactor yn priodi,
> A'r cwnffwrdd mawr sydd dan y glob
> Am wneuthur pob 'lusenni. (AHJL 62)

Teyrngarwch o fath gwahanol yw thema ganolog *Protestant a Neilltuwr*. Lladmerydd yr Eglwys Wladol yw'r Protestant, a'i ddymuniad yw sicrhau y bydd y sawl a ymneilltuodd yn dychwelyd i'r gorlan eglwysig. Erbyn diwedd yr anterliwt cydnebydd y Neilltuwr iddo beryglu undod yr eglwys ac iddo gyfeiliorni trwy adael y sefydliad a'i meithrinodd mor ofalus, a gall uniaethu â dymuniad y Protestant:

> Duw, trefna i ni bob pryd tra bôm ni yn y byd
> Am fod ond un Arglwydd, un ffydd ac un bedydd,
> Un grefydd, rai hylwydd, o hyd. (AHJL 265)

Er mai 'Disenter' yw'r Neilltuwr yng ngolwg y Ffŵl, buan y daw i'r amlwg mai un o ganlynwyr Howel Harris ydyw, a rhaid ystyried y ddadl rhwng y ddau brif gymeriad yn anterliwt Huw Jones yng ngoleuni'r gweithiau gwrth-Fethodistaidd niferus a luniwyd ar ffurf barddoniaeth a rhyddiaith yng nghwrs y ddeunawfed ganrif. Perthyn gwaith Huw Jones i'r un llinach ag englynion Rhys Jones o'r Blaenau, 'Fflangell ysgorpionog i'r Methodistiaid', baled Siôn Cadwaladr, 'Cristnogion gwiwlon, gwelwch drwy achos, ac edrychwch', ac anterliwt William Roberts o Lannor yn Llŷn, *Ffrewyll y Methodistiaid*. Tystia teitlau englynion Rhys Jones ac anterliwt William Roberts nad oedd ganddynt air da i'r Methodistiaid, ac er bod lle i gredu bod llawer o'r gweithiau a oedd yn ymosod ar ganlynwyr y mudiad newydd wedi eu llunio yn annibynnol, yr un yw'r ddelwedd a gynigir yn ddi-ffael fel mai teg tybio bod yr awduron yn rhoi mynegiant i farnau (a rhagfarnau) eu cyd-wladwyr.

Daw tair thema i'r amlwg yn y gweithiau gwrth-Fethodistaidd. Anlladrwydd honedig y Methodistiaid yw'r thema gyntaf, a'r ail thema yw ofnau caredigion yr Eglwys Wladol mai bwriad y Methodistiaid oedd dymchwel y drefn a pheryglu heddwch a chytgord y deyrnas, fel y gwnaeth Oliver Cromwell a'i ganlynwyr yn yr ail ganrif ar bymtheg. Dulliau addoli'r Dychweledigion yw'r cocyn hitio amlycaf. Fe'u beirniedir ar gyfrif eu harfer o gwrdd gyda'r hwyr, nid mewn lle cysegredig ond mewn aneddau ac ysgubordai diarffordd, ar gyfrif eu pregethu a'u gweddïo byrfyfyr, ac ar gyfrif eu canu – ffenomen newydd a dieithr ar y pryd. Pwysleisir hefyd na thrwyddedwyd y pregethwyr neu'r cynghorwyr, ac na feddent y cymwysterau a'u galluogai i gyflawni'r gwaith hwnnw. Myn y Protestant yn anterliwt Huw Jones:

Yn y *Common Prayer* mae gwell gweddïe
O cyfan osodiad yr hen dade
Nag a wnaiff na gwŷdd na chobler
Sydd heb fedru prin mo'u pader. (AHJL 217)

Ar un ystyr y mae'n destun syndod i Huw Jones lunio anterliwt ar y pwnc hwn. Ceir dau gyfeiriad cynnil at y Methodistiaid yn *Hanes y Capten Ffactor*, ac mewn dull anuniongyrchol y mynega Huw Jones ei deyrngarwch naturiol at Eglwys Loegr yn ei faledi; cymeradwya ymlyniad y boneddigion wrth y sefydliad eglwysig yn ei faledi annerch, er enghraifft, ac egyr rai o'i gerddi crefyddol trwy gyfarch ei gyd-Brotestaniaid: 'Cydunwn, Brotestanied, deffrown ar doriad dydd' neu 'Holl wŷr yr eglwys wastad wedd, un duedd wir, dowch'. Yn wahanol i'w gyfaill Siôn Cadwaladr ni ddewisodd ymosod ar y mudiad newydd ac, yn wir, nid oes yn ei faledi awgrym ei fod yn ymwybodol fod diwygiad crefyddol ar droed. Pan gyfeiria at y grymoedd a oedd yn peryglu'r eglwys, y Pab a'r Pengryniaid a ddaw o dan ei lach yn hytrach na Howel Harris a'i ddilynwyr. O ran eu cyd-destun perthyn y gyfres o ddeuddeg englyn i gyfarch Siôn Edward, Glyn Ceiriog, yn nes at yr anterliwt na'r baledi. Pwysleisir yn y rhain mai cyfrifoldeb y Cristion yw mynychu'r eglwys:

mae'r Eglwys Lwys mor Lan yw Dilin
y dylen fynd weithien
Cawn yno ddrych Eglyrwych glan
J weled Cynes wlad Canan

a gofidia fod 'athrawon mawrion mall / ffiedd oer o ffydd arall' yn tanseilio'r 'Eglwys wiwlwys' (Llsgr. LlGC 12867D, 39). Dichon mai Methodistiaid oedd y rheini.

Er hyn, dilynodd Huw Jones yr un trywydd â'i gyd-feirdd wrth bortreadu'r Methodistiaid (a thâl cofio iddo gynnwys englynion Rhys Jones o'r Blaenau yn *Dewisol Ganiadau yr Oes Hon*). Yn wir, anodd credu nad oedd yn gyfarwydd â *Ffrewyll y Methodistiaid* a luniwyd ryw chwarter canrif ynghynt. Enwir dau o gynghorwyr y mudiad yn y gwaith hwnnw, sef Huw Tŷ Chwain a Gruffudd Moelrhoniwr, ac fe'u henwir drachefn yn

Protestant a Neilltuwr. Mewn un adran yn y *Ffrewyll* sonnir am yr ymdrechion i werthu copïau o hunangofiant ysbrydol George Whitefield, a chrybwyllir yr un gwaith yn anterliwt Huw Jones, ac mewn geiriau pur debyg. Ond y mae'r ail anterliwt yn wahanol ar lawer cyfrif i'w rhagflaenydd. Er bod Huw Jones yn ailadrodd yr ystrydebau gwrth-Fethodistaidd, nid yw'r ymosod mor ffyrnig nac mor benodol y tro hwn. Aelod dienw o blith y rhengoedd a gyflwynir ar y llwyfan tra gwelid neb llai na Howel Harris ei hun yn y *Ffrewyll*. Ar un ystyr nid oedd dewis gan Huw Jones. Prin y gallai ganiatáu i'r Protestant lambastio'r Neilltuwr yn ddidrugaredd, a chael gan y Neilltuwr cyn y diwedd gymodi a dychwelyd at ei fam ysbrydol. Gallai cywair mwy cymodlon yr ail anterliwt awgrymu hefyd fod y farn gyhoeddus yn newid, a bod agwedd y Cymry gelyniaethus yn dilyn yr ail ddiwygiad a ledodd o Langeitho yn 1762 yn dechrau meirioli. Ac ni ddylid gollwng dros gof barodrwydd Huw Jones i ystyried rhinweddau dadleuon neu safbwyntiau gwrthgyferbyniol. Cafwyd enghraifft o hynny yn y ddwy faled a drafodai wrthryfel y tair talaith ar ddeg yng Ngogledd America. Cyflwynwyd safbwynt Lloegr yn y naill a safbwynt yr Americanwyr yn y llall. Yn achos *Protestant a Neilltuwr* beirniedir y Methodistiaid ond datgenir yn ddiflewyn-ar-dafod nad oedd ymddygiad y gwŷr eglwysig, hwythau, yn ddilychwin o bell ffordd:

> Nid ydyw'r bugeilied ond eiste wrth tân
> A difa gwlân y defed

meddai'r Ffŵl wrth y Protestant cyn ychwanegu, 'Mae llawer ohonoch ym mhob lle / Yn camu'r llwybre cymwys' (AHJL 218). Yn hynny o beth y mae'r bwlch rhwng William Roberts a Huw Jones yn fawr. Darlun du a gwyn a gyflwynwyd yn *Ffrewyll y Methodistiaid*, tra awgryma *Protestant a Neilltuwr* na thalai dychanu a difenwi bellach ond bod rhaid edrych ar yr hyn a oedd yn digwydd mewn gwaed oer.

Cyflwynir y ddadl rhwng y Protestant a'r Neilltuwr mewn pum golygfa, ac awgryma hyn eto nad mater syml a oedd o dan sylw, ac nad oedd modd torri'r ddadl heb ddwysystyried safbwynt

95

y naill a'r llall. Rhoddir cyfle i'r Neilltuwr ddweud ei ddweud yn yr olygfa gyntaf, a rhestra ddeng nodwedd ar y drefn eglwysig nad oeddynt wrth ei fodd, a bedydd Esgob yn eu plith. Amddiffyn yr eglwys yw swyddogaeth y Protestant, er ei fod yn dal ar y cyfle i feirniadu'r Methodistiaid ar gyfrif eu dulliau addoli. Trafodaeth rhwng y Ffŵl a'r Neilltuwr ar bwnc cynghori sy'n agor yr ail olygfa ac yma, megis yn y *Ffrewyll* lle y daw Howel Harris a George Whitefield gerbron, gwelir y Neilltuwr yn tanseilio ei achos ei hun ac yn cyflwyno ei gyd-Fethodistiaid mewn goleuni pur anffafriol. Cyn diwedd yr olygfa daw'r Neilltuwr wyneb yn wyneb â'r cymeriad haniaethol Cydwybod, a dywed hwnnw yn glir nad yw'r Neilltuwr yn un o'i ddeiliaid. Yn y drydedd olygfa ceir y naill wrthwynebydd yn cyhuddo'r llall o fod yn ddis-gynnydd i Gain, ac arwain y cyhuddiadau at ymryson ysgrythurol yn y bedwaredd olygfa. Adnodau yw'r arfau y tro hwn (nodir y bennod a'r adnod bob tro), ac atebir 'Chwi a aethoch yn ddi-fudd oddi wrth Grist, y rhai ydych yn ymgyfiawnhau yn y ddeddf' y Neilltuwr (a'r Apostol Paul) gan 'Na fernwch fel na'ch barner' y Protestant (a'r Apostol Mathew). Ymddengys fod neges y Protestant yn dechrau dwyn ffrwyth, ac â'r Neilltuwr ymaith i ddwysystyried. Â dadl gyfreithiol y mae a wnelo'r olygfa olaf. Yr hyn sy'n troi'r fantol, ac sy'n perswadio'r Neilltuwr i ddychwelyd i'r eglwys, yw ymyrraeth y cymeriad Gwirionedd wrth iddo egluro mai deddf i'w chymeradwyo oedd Deddf Unffurfiaeth Elisabeth y Gyntaf (1559) ond mai cenfigen a malais a esgorodd ar yr 'Act o Dolerasiwn' (1689) a warantai ryddid i Ymneilltuwyr addoli yn unol â'u cydwybod.

Hanes y Brenin Dafydd a Bathseba a gyflwynir yng nghywaith Huw Jones a Siôn Cadwaladr, ac unwaith eto y mae ffyddlondeb (neu ei absenoldeb yn hytrach) yn thema ganolog. Cystwyir Bathseba ar gyfrif ei hanffyddlondeb i'w gŵr, Urias, ac adroddir am y modd y ceisiodd Dafydd a hithau gelu eu godineb rhagddo. Er bod Urias yn was ufudd a theyrngar i'r brenin, trefnodd Dafydd ei fod yn cael ei ladd ar faes y gad. Mewn sawl rhan glynir yn glòs wrth eiriad yr hanes fel y'i hadroddir yn Ail Lyfr Samuel:

Yna y dywedodd Dafydd, Mi a wnaf garedigrwydd â Hanun mab Nahas, megis y gwnaeth ei dad ef garedigrwydd â mi. (II Samuel 10.2)

> Gwnaeth Nahas yn ddiame
> Garedigrwydd mwyn i minne;
> Peth addas iawn i bob rhyw ddyn
> Yw talu'r nechwyn adre'. (*Brenhin Dafydd* 21)

Serch hynny, y mae'n amlwg nad oedd y pwyslais ar y brwydro yn Llyfr Samuel (y rhan a gymerodd Joab ac Abissai yn y frwydr gyntaf yn erbyn Haman, er enghraifft), a'r manylion am y cytundebau rhwng Haman a'r cenhedloedd a ddaeth i gynnal ei freichiau yn ei ymdrech yn erbyn Dafydd, at ddant y ddau Gymro. Y stori serch, a'r berthynas rhwng Dafydd a Bathseba, a apeliodd atynt hwy, ac os lluniwyd y cywaith cyn y gweithiau unigol gwelir yma hadau'r themâu y byddai Huw Jones yn troi atynt ac yn eu datblygu maes o law.

Byddai ail ran yr anterliwt yn rhoi cyfle arall i Huw Jones amlygu ei ddawn fel storïwr, ac yn fodd i gynnig dogn ychwanegol o bleser i'r gynulleidfa. Gellid tybio y byddai cynulleidfaoedd yr oes wedi cael mwy o flas ar anterliwtiau Huw Jones nag ar weithiau Twm o'r Nant, fel yr awgrymwyd eisoes. Yr hyn a wnaeth yr olaf oedd cyflwyno cymeriadau haniaethol yng nghyfran gyfnewidiol ei anterliwtiau. Rhaid cyfaddef fod llawer mwy o undod yn ei weithiau ef o ganlyniad gan fod y cymeriadau haniaethol hynny yn ddrych i'r hyn a oedd yn digwydd yn y ddrama deuluol yn yr haen draddodiadol y byddai'r Cybydd yn brif gymeriad ynddi. Yn *Tri Chryfion Byd* llwyddodd Twm o'r Nant i asio'r ddwy ran mewn modd hynod o gelfydd. Cariad, Tlodi, ac Angau yw'r tri chryfion. Daw Angau i ran Lowri Lew, mam y brodyr, Rheinallt y Cybydd ac Ifan yr Offeiriad. Gwelir dylanwad Tlodi ar waith wrth i Reinallt fynd i gyfraith wedi iddo gael ar ddeall i'w fam adael ei holl eiddo i Ifan; o fewn dim o dro y mae gwŷr y gyfraith wedi ei flingo a rhaid iddo wynebu bywyd o dlodi. Y mae'n llawn digofaint tuag at ei frawd pan ddaw wyneb yn wyneb â Chariad, ond gyda chymorth y cymeriad hwnnw y mae'n maddau i'w frawd ac yn profi math o dröedigaeth. Er bod

Tri Chryfion Byd yn gyfanwaith boddhaus, nid yw anterliwtiau eraill Twm o'r Nant mor llwyddiannus. Yr oedd pris i'w dalu am i'r awdur roi'r fath bwyslais ar y cymeriadau haniaethol. Yn un peth, nid oedd stori fel y cyfryw i'w hadrodd yn y gyfran gyfnewidiol. Yn ail, rhoddwyd pwyslais ar y cymeriadau haniaethol ar draul y cymeriadau traddodiadol. Yn *Cybydd-dod ac Oferedd* dechreuir adrodd hanes ymdrechion y Cybydd a'i wraig i ddiogelu eu harian rhag eu mab gwastraffus, ond o fewn dim o dro â'r hanes yn angof wrth i'r awdur ganolbwyntio ar gyflwyno'r ymryson rhwng y ddau gymeriad haniaethol, Cybydd-dod ac Oferedd. Y mae cyfran storïol anterliwtiau Huw Jones yn llawer cyfoethocach; cyflwynir stori 'wreiddiol' yn yr haen gyfnewidiol a cheir ail stori am hanes twyllo'r cybydd yn yr haen draddodiadol.

Yn 'Pandosto' y ceir y stori deneuaf. Yn hon clywir bod gwraig y Cybydd wedi marw, a buan y sylweddola'r Cybydd iddi fod yn gwario yn hael ar bob math o ddanteithion. Caiff le i lawenhau pan glyw fod ei ferch, Sioned, ar fin priodi â gŵr bonheddig cyfoethog ond o fewn dim o dro y mae Sioned yn dlawd, a rhaid i'w thad ofalu am ei dau blentyn. Cyn diwedd yr anterliwt, ac yntau yn feddw, bydd y Ffŵl a gwraig y dafarn yn dwyn ei arian o'i logell. Y mae'r twyll yn fwy cymhleth yn *Histori'r Geiniogwerth Synnwyr*. Caiff y Cybydd, Trachwant Bydol, gan y Ffŵl fesur ei diroedd, a thybia y bydd yn derbyn dwywaith cymaint o rent o ganlyniad. Pan ddaw hi'n bentymor anfonir un o'r tenantiaid, Gruffudd Legach, o'i ddyddyn am nad oes ganddo fodd i dalu'r rhent, a rhoddir y tyddyn i Andro Lawen sy'n talu yn brydlon. Caiff y Cybydd arian y rhent gan y Ffŵl ar ffurf 'banc notie', a chan nad oes fawr o Saesneg ganddo rhaid iddo droi at gyfreithiwr sy'n ei hysbysu fod y papurau yn ddiwerth. Medd y Cybydd:

> Mi ddaliaf ag y chwi hyn a hyn
> Mai Welsh baled a ges i gyn y bwli. (AHJL 187)

Dechrau gofidiau oedd hyn i'r Cybydd. Bu'n rhaid iddo dalu dyledion ei fab wedi i hwnnw roi arian ar geffylau a cholli'r cyfan, ac yn goron ar y cyfan clyw ei fod wedi beichiogi merch y dafarn. Cyn diwedd y chwarae ymesyd y Ffŵl a'r mab ar y Cybydd a dwyn gweithredoedd y tir o'i logell.

Adroddir hanes marwolaeth gwraig y Cybydd ar ddechrau *Protestant a Neilltuwr*, fel y gwneir yn 'Pandosto'. Y tro hwn caiff Gwgan y Cybydd gymorth Ffalster, y Ffŵl, i ganfod gwraig newydd. Siopreg gyfoethog yw Mal Bedleres, neu felly y tybiai Gwgan. Drannoeth y briodas, ac wedi i'r Cybydd sobri yn dilyn dathliadau brwysg y neithior, gwêl fod y siop yn wag a dyledwyr Mal ar ei warthaf. Gwraig ddiog, wastraffus a llac ei moesau yw Gwerli, priod y Cybydd, yn *Hanes y Capten Ffactor*, ond gadael ei gŵr a wna hi yn hytrach na marw fel y gwragedd yn y ddwy anterliwt flaenorol, a hynny am fod ei gŵr wedi beichiogi Nansi, merch y dafarn, a'i bod hithau yn awr yn hawlio arian tuag at gynhaliaeth y plentyn. Yng nghwrs y chwarae rhaid i'r Cybydd ymddangos o flaen yr offeiriad i gyffesu ei bechod ac i dderbyn ei gosb (cawn wybod, cyn diwedd y chwarae, nad y Cybydd ydoedd tad y plentyn a dadogodd Nansi arno). Clywir bod Nansi a'r Ffŵl wedi dwyn arian y Cybydd o'i logell pan oedd yn feddw yn yr anterliwt hon, megis yn 'Pandosto'. Nid yw tynged y Cybydd yn annhebyg yn y cywaith, *Y Brenin Dafydd*. Yma eto gwelir ei wraig, Gwen, yn marw (ond y tro hwn fe'i gwelir ar ei gwely angau mewn dwy olygfa annibynnol – un o ganlyniadau'r cydweithio, ond odid), a chlywir bod gan y Cybydd fab a merch, a'r naill mor wastraffus â'r llall. Pan ddaw Dows, y ferch, a hithau erbyn hyn yn weddw ac yn fam i dri o blant, i ofyn am gymorth gan ei thad, ni fyn wneud dim â hi am iddi briodi yn erbyn ei ewyllys. Fe'i caiff y Cybydd ei hun yng ngwely gwraig y dafarn yn yr anterliwt hon eto, ac fel yn *Hanes y Capten Ffactor*, rhaid iddo ymddangos yn ei gynfas wen a cheisio maddeuant wedi iddi dadogi ei phlentyn arno.

Brasluniau moel a gynigiwyd yma. Rhaid troi at yr anterliwtiau eu hunain os mynnir gwerthfawrogi'r modd y datblygir yr hanesion a'r modd y cyflwynir y gwrthdaro rhwng yr amryfal gymeriadau mewn deialog cyhyrog a gafaelgar.

Awgryma'r brasluniau hyn fod Huw Jones yn cael blas

arbennig ar ddarlunio rhai episodau, megis y gwrthdaro corfforol rhwng y Cybydd a'i wraig, marwolaeth y wraig (ac ymdrechion trwsgl ei gŵr i'w chladdu, gyda chymorth y Ffŵl), hanes lladrata arian y Cybydd ac yntau yn feddw, a'r modd y caiff y Cybydd ei hun yng ngwely'r dafarnreg. Ond camgymeriad fyddai tybio fod y bai rhy debyg yn nodweddu cyfran draddodiadol ei anterliwtiau. Yr oedd Huw Jones yn barod iawn i greu amryw-iaeth, ac ni ddengys dim hyn yn gliriach na thynged y Cybydd ar ddiwedd y chwarae. Disgwylid i'r Cybydd glafychu a marw yn llawn edifeirwch, a hynny fel arfer yn dilyn ymyrraeth y cymeriad Angau. Yn 'Pandosto' ac yn *Hanes y Capten Ffactor* daw'r Cybydd wyneb yn wyneb ag Angau, er mai arwynebol iawn yw'r sôn am edifeirwch. Nid ymglywir â llawer o edifeirwch yn *Histori'r Geiniogwerth Synnwyr* ychwaith. Gwneud amdano ei hun yw tynged y Cybydd y tro hwn wedi iddo brofi crasfa gan ei fab ei hun a chan y Ffŵl. Ni welir Angau ar y llwyfan yn yr anterliwt hon nac yn *Y Brenin Dafydd* nac yn *Protestant a Neilltuwr*. Yn y cywaith *Y Brenin Dafydd* yn unig y clywir y Cybydd yn mynegi ei edifeirwch ar ei wely angau, ac o dan ddylanwad Cariad Perffaith y dechreua amgyffred oferedd a ffieidd-dra ei ffyrdd. Meddai Madog:

> Gochelwch fawr gybydd-dod
> Drwgdybus digydwybod;
> Rhaid meddwl glân a chalon lon
> I fynd gerbron y Drindod. (*Brenhin Dafydd* 80)

Tröedigaeth y Cybydd, diolch i ymyrraeth Cydwybod, sy'n cloi'r gyfran draddodiadol yn *Protestant a Neilltuwr*, ac yn yr un modd daw tröedigaeth i ran Rheinallt, Cybydd *Tri Chryfion Byd* Twm o'r Nant. Y weithred symbolaidd yn anterliwt Huw Jones sy'n tystio i'r newid yw hepgor y carpiau aflêr ac ymwisgo o'r newydd:

> Ni wisga-i mo'r dillad i fynd yn dylle
> A chadw fy arian mewn coed neu furie;
> Mi fynna' ddillad newydd glân
> Ac mi luniaf gân o'm gene. (AHJL 260)

Y mae'r digwyddiad hwn yn rhagflaenu tröedigaeth y Neilltuwr, ac yn rhagflas o'r newid a ddaw i'w ran. O'r herwydd gellir dweud bod y naill gyfran yn ategu'r llall, a thynged y ddau gymeriad yn creu diweddglo effeithiol.

Yr oedd i'r Ffŵl ran bwysig yn stori'r Cybydd er ei fod yn cyfrannu hefyd, fel y ceir gweld, at y stori gyfnewidiol. Yn *Hanes y Capten Ffactor*, er enghraifft, ef sy'n tywys y Cybydd at yr esgob i dderbyn ei benyd ac y mae wrth law, yn Fenis, pan ddaw'r gorchymyn i arestio'r Capten Convoy wedi i dwyll hwnnw ddod i'r golwg. Cynigia ei wasanaeth hefyd pan ddaw'r achlysur i uno'r Capten Ffactor a Phrudensia mewn glân briodas:

> Y fi ydy'r esgob penna'
> Sydd yn y deyrnas yma;
> Mi rof fi'r Capten gwych ei waed
> Yn dinsyth rhwng traed Prudensia. (AHJL 127)

Gallai'r gynulleidfa ddisgwyl y byddai ei eiriau – megis yn y dyfyniad uchod – yn gwrs ac yn gnawdol eu cywair, yn enwedig yn y golygfeydd agoriadol lle y ceisid denu gwylwyr a chael ganddynt aros i wylio'r chwarae. Byddai'n cyfeirio yn ddiflewyn-ar-dafod at rannau arbennig o'r corff ac at y weithred o gyplu. Ceid tystiolaeth weledol yn ogystal o gymeriad y Ffŵl a'i gyneddfau. Fel arfer byddai ganddo gleddyf ac arwydd ffalig. Y mae'n amlwg fod cleddyf gan y Ffŵl a'r Traethydd ar ddechrau *Hanes y Capten Ffactor*, ac y mae'r ddau wrthrych yn rhan o arfogaeth Ffŵl *Y Brenin Dafydd* drachefn. Daeth newid i ran yr anterliwt yn ail hanner y ddeunawfed ganrif. Gwelodd Twm o'r Nant yn dda gefnu ar yr arfer o ddefnyddio'r arwydd ffalig i godi cywilydd ar y merched yn ei anterliwtiau diweddaraf, er ei bod yn amlwg fod i'r cyfryw le pwysig yn ei weithiau cynharaf. Ond y mae lle i gredu bod y newid yn un graddol ac wedi dechrau ynghynt. Ni chrybwyllir yr arwydd yn *Histori'r Geiniogwerth Synnwyr*, ac yn y pennill cyntaf yn unig y sonnir amdano yn *Y Brenin Dafydd* (ond sylwer bod sawl pennill ychwanegol sy'n cyfeirio at yr arwydd ffalig yn y dryll a ddiogelwyd yn llawysgrif Cwrtmawr 39). Esbonia Ffalster, y Ffŵl, wrth ei gynulleidfa yn *Protestant a Neilltuwr* na fwriadai gludo arwydd ffalig, ac yr oedd penderfyniad yr awdur yn y gwaith penodol hwn yn un dadleuol gan ei fod ar y naill law, fe ymddengys, yn ymateb i newid yn y farn gyhoeddus o dan ddylanwad y deffro crefyddol a ysgogwyd gan y Methodistiaid, ac ar y llaw arall yn ang-hymeradwyo'r newid hwnnw yn gymaint â bod y Neilltuwr yn y chwarae yn cael ei gymell i gefnu ar y Dychweledigion ac i ddychwelyd at y fam eglwys.

Os purwyd rhyw gymaint ar y rhannau agoriadol, sicrhaodd Huw Jones fod digon o gyfle yng ngweddill y chwarae i ddenu gwên neu wrid trwy gynnig sylwadau masweddus a chnawdol eu cywair. Yn *Hanes y Capten Ffactor* disgrifia Gwagsaw, y Ffŵl, y modd y camdriniwyd ef yn rhywiol gan wragedd duon pan oedd ar un o'i deithiau, ac yn un o'r golygfeydd doniolaf yn *Protestant a Neilltuwr* cynigir hyfforddiant i'r Cybydd sydd yn awyddus i ganfod gwraig newydd ond wedi colli'r ddawn i garu:

Ffalster	Eisteddwch gyda hyhi,
	Rhowch gusan, a dechreuwch gosi;
	Nid ydych chwi ond rhyw garwr syn;
	Rhowch eich dwylo yn dynn amdani.
Gwgan	Wel, mi rof fy nwylo am d'wddwf di unweth;
	Ni bûm i yn caru erioed ond peder nosweth.
Ffalster	Nid ydyw hynny ond rheswm ffôl;
	Rhowch eich dwylo am ganol geneth.
	Codwch eich llaw ddehe
	A hwthiwch hi rhwng ei bronne.
Gwgan	Ple rhoi'r llaw arall? Ai yn yr un fan?
Ffalster	Fe fydd digon yn ei rhan ffedoge. (AHJL 236-7)

Un arall o ddyletswyddau'r Ffŵl fyddai cynghori'r merched ar gân, ac fel y nodwyd eisoes, y mae'r caneuon niferus a ymddangosodd mewn print yn un arwydd o boblogrwydd y pwnc. Ni ddewisodd Huw Jones lynu wrth fformiwla dreuliedig wrth gyflwyno tynged y Cybydd, ac yn yr un modd y mae'n amlwg ei fod yn barod i elwa ar y gân gynghori, hithau. Huw Jones a luniodd y gân gynghori yn y cywaith, *Y Brenin Dafydd*, a digwyddiad digyswllt mewn gwirionedd yw'r cynghori, megis yn 'Pandosto'. Ar yr olwg gyntaf ymddengys fod hynny yn wir yn

Protestant a Neilltuwr eto. Nid oes cyswllt rhwng y gân gynghori a'r deunydd yn yr haen draddodiadol. Ond y mae ei lleoliad yn ddadlennol. Dilyn drydedd ran y ddadl rhwng y Protestant a'r Neilltuwr, ac fe'i rhagflaenir gan ensyniadau'r Ffŵl fod y naill lawn mor llwgr â'r llall. Disgrifir y modd y twyllir y merched hygoelus gan y meibion yn y gân gynghori, ac awgryma rhagymadrodd y gân fod y ddau grefyddwr cynddrwg â'i gilydd, ac na ddylid ymddiried yn yr un ohonynt.

Trinnir y gân yn wahanol yn y tair anterliwt nesaf, a dyma dystiolaeth anuniongyrchol fod *Y Brenin Dafydd* a 'Pandosto' yn eu rhagflaenu (ac ateg i hynny yw'r gwahoddiad yn y ddwy anterliwt hyn i bawb ymgynnull yn y dafarn ar ôl y chwarae. 'Dowch at y cwrw, gwmni da, / Wŷr parod, a dyma'r perwyl' yw'r anogaeth yn 'Pandosto', gw. Llsgr. LlGC 12865A, 53a). Sylweddolodd Huw Jones y gallai fod lle pwysig i'r gân gynghori, yn enwedig mewn anterliwtiau a oedd yn seiliedig ar straeon serch ac a rôi'r fath bwyslais ar thema ffyddlondeb a theyrngarwch. I Nansi, merch y dafarn, yn hytrach nag i'r Ffŵl, yr ymddiriedir y gorchwyl yn *Hanes y Capten Ffactor*. Cyffesa Nansi iddi dwyllo'r Cybydd trwy dadogi ei phlentyn arno; y mae'n wir i'r Cybydd ddod ati i'r gwely ond yr oedd yn rhy feddw i wneud dim. Erbyn hyn y mae Nansi yn dlawd ac yn gresynu iddi daflu llwch i lygaid y Cybydd a denu'r llanciau i'w breichiau. Barna mai cyflog pechod yw ei chyflwr a rhybuddia'r merched i beidio â'i hefelychu. Nid yw Deifes, y Cybydd, yn huawdl iawn wrth iddo leisio ei edifeirwch ar ei wely angau, ond y mae edifeirwch Nansi yn y gân gynghori yn llawer amlycach ac yn gwneud iawn am ddiffygion y Cybydd. Ar yr un pryd bodlonir yn grefftus un o gonfensiynau'r cyfrwng. Gwelir hefyd fod ei thynged yn gyson â thema arall sy'n rhoi undod i'r anterliwtiau, sef gwobrwyo elusen a gweithredoedd da a chosbi'r sawl sy'n cyfeiliorni. Yn *Hanes y Capten Ffactor* cyflwynir y thema honno yn y gyfran gyfnewidiol ac yn y gyfran draddodiadol, ac y mae'r naill ran unwaith eto yn ategu ac yn grymuso'r llall.

Y mae tair cân gynghori yn *Histori'r Geiniogwerth Synnwyr*. Y mae rhybuddion cyfarwydd y Ffŵl yn ei gân ef ynghlwm wrth stori'r Cybydd a'i deulu, ac yn dilyn y datgeliad fod Oferddyn, mab y Cybydd, wedi beichiogi merch y dafarn. Daw hi at Oferddyn gan ddisgwyl y bydd yn cywiro ei addewid ac yn ei phriodi, ond fe'i gwrthodir yn ddiseremoni. Bronwen, y butain a ddenodd y marsiant ac a'i hanogodd i gefnu ar ei wraig, sy'n cyflwyno'r ddwy gân arall, a gwelir bod y cynghori yn cael ei uniaethu â chyfran gyfnewidiol yr anterliwt hon, megis yn *Protestant a Neilltuwr*. Testun cân gyntaf Bronwen yw gallu'r merched i hudo'r llanciau, a'r manteision a ddaw i'w rhan o wneud hynny. Gwahanol iawn yw ei hamgylchiadau wrth iddi gyflwyno ei hail gân. Erbyn hyn y mae'r marsiant wedi derbyn ei geiniogwerth o synnwyr ac wedi rhoi prawf ar deyrngarwch y ddwy wraig yn ei fywyd. Methodd Bronwen y prawf hwnnw, a gwraig edifeiriol, nid annhebyg i Nansi *Hanes y Capten Ffactor*, a glywir yn datgelu baich ei gofidiau:

> Mi rois fy amsere 'nyddie nerth
> I ddilyn pechod, syndod serth:
> Ymdrwsio, yswagro, pincio'r pen,
> A'm tŷ â mawr wawd fel Tamar wen;
> Ond yn fy henaint rhaid ymroi,
> Mewn dychryn trist rwy'n dechre troi. (AHJL 190)

Nid oes cybydd edifeiriol iawn yn yr anterliwt hon, mwy nag yn *Hanes y Capten Ffactor*, a Bronwen sy'n hysbysu'r gynulleidfa, wrth i angau ddechrau bwrw ei gysgod trosti, mai rheitiach osgoi'r llwybrau sy'n arwain at ddinistr.

Cyfrwng anhrefnus oedd yr anterliwt ar lawer ystyr. Cyfunai pob un o weithiau Huw Jones, fel y gwelwyd, ddwy stori; cyflwynid hwy am yn ail a perthynai i'r naill a'r llall ei phriod gymeriadau. Yn wahanol i Dwm o'r Nant a geisiodd asio'r ddwy haen trwy ddefnyddio cymeriadau haniaethol, prin yw'r dolennau cyswllt amlwg yn anterliwtiau Huw Jones, ac yn ei achos ef buasai'r dasg o asio'r haenau yn anos beth bynnag am iddo, yn wahanol i Fardd y Nant, ddewis cynnal a datblygu dwy stori anghymharus. Ond yr oedd yntau yn ymwybodol o'r angen i geisio rhoi ffurf a llun ar ei ddeunyddiau. Yr oedd y Ffŵl yn ddolen amlwg am fod iddo ran yn y ddwy stori. Ar wahân iddo ef, erys y cymeriadau eraill yn eu priod gylchoedd. Yr unig eithriad yw'r cymeriad haniaethol Cydwybod yn *Protestant a Neilltuwr* sydd nid yn unig yn dod wyneb yn wyneb â'r Cybydd ac yn ceisio ei ddiwygio ond hefyd yn dal pen rheswm â'r Neilltuwr. Erbyn diwedd y chwarae bydd wedi llwyddo i beri newid yn nhymer y ddau gymeriad fel ei gilydd, ac wedi sicrhau bod diweddglo'r naill gyfran yn ddrych i ddiweddglo'r llall. Llwyddodd Huw Jones, felly, i sicrhau rhyw gymaint o undod thematig. Prisiwyd rhinweddau megis ffyddlondeb a theyrngarwch (a dangoswyd peryglon y gwrthwyneb, sef twyll a dichell) a dangoswyd can-lyniadau gweithredoedd da a drwg. Cyflwynwyd y rhain yn y storïau serch yn yr haen gyfnewidiol, a hefyd wrth ddilyn helyntion y Cybydd yn yr haen draddodiadol; dangoswyd bod lle pwysig i'r caneuon cynghori hefyd yn y cyswllt hwn.

Er bod rhyw gymaint o asio yn digwydd ar wastad thematig, prif ddull Huw Jones wrth geisio creu anterliwt a oedd yn gyfanwaith ystyrlon oedd trefnu ei ddeunyddiau yn y fath fodd fel y byddai'r ddwy haen yn gwbl gyfartal, a'r naill yn cydbwyso'r llall yn llwyr. Eu cynllun yw pennaf hynodrwydd anterliwtiau Huw Jones er nad yw hynny yn amlwg o gwbl ar yr olwg gyntaf. Y peth olaf y gellid ei ddweud am yr awdur yw ei fod yn clytio dwy stori annibynnol ynghyd mewn ffordd frysiog a mympwyol.

Os anwybyddir am y tro y rhannau ar y dechrau pan fyddid yn denu sylw'r gynulleidfa ac yn cyflwyno'r chwarae, a'r penillion ar y diwedd pan fyddai angen cau pen y mwdwl a ffarwelio â'r gynulleidfa, ac os anwybyddir hefyd yr episod pan fyddai'r Ffŵl yn cyflawni un o'i ddyletswyddau pwysicaf ac yn cynghori'r merched, gwelir bod y penillion a neilltuwyd i'r ddwy haen bron yn gwbl gyfartal yn y tair anterliwt a argraffwyd:

Y Capten Ffactor
Stori Deifes y Cybydd	249 pennill	41.3%
Hanes y Capten Ffactor	262	43.5%

Histori'r Geiniogwerth Synnwyr
Stori Trachwant Bydol y Cybydd	147	39.7%
Hanes y marsiant	154	41.6%

Protestant a Neilltuwr

Stori Gwgan y Cybydd	185	39.5%
Y ddadl grefyddol	189	40.4%

Y mae'r cydbwysedd yn fwy annisgwyl pan ystyrir bod y tair anterliwt yn wahanol iawn o ran eu hyd: cynnwys *Histori'r Geiniogwerth Synnwyr* 370 pennill, rhyw gant yn llai na *Protestant a Neilltuwr* (468 pennill). *Hanes y Capten Ffactor* yw'r hwyaf a cheir ynddi 603 pennill, ychydig dros gant yn fwy na *Protestant a Neilltuwr* ac ychydig dros ddeucant yn fwy na *Histori'r Geiniogwerth Synnwyr*.

Cyflwynir y ddadl rhwng y Protestant a'r Neilltuwr mewn pum golygfa, a neilltuwyd pum golygfa gyfochrog i olrhain hanes Gwgan y Cybydd. Os oedd cydbwysedd y cyfanwaith yn bwysig yng ngolwg Huw Jones, ymddengys iddo roi ei fryd ar sicrhau cydbwysedd rhwng y parau o olygfeydd yn ogystal yn y gwaith hwn, ac anodd credu mai ar ddamwain y digwyddodd hyn. Ategir y cydbwysedd o ran y penillion (gweler isod) gan gydbwysedd o ran y caneuon. Cân sy'n diweddu'r ddwy ran gyntaf, a chaiff y Ffŵl gyflwyno ei gân gynghori rhwng y drydedd ran a'r bedwaredd. Nid oes cân yn cloi'r bedwaredd ran ond fe'i dilynir gan ddawns. Diweddir y pâr olaf o olygfeydd, tröedigaeth y Cybydd a phenderfyniad y Neilltuwr i ddychwelyd i'r Eglwys, gan gân unwaith eto.

Rhan gyntaf stori Gwgan y Cybydd	45 pennill & cân
Y ddadl gyntaf	49 & cân
Ail ran stori Gwgan y Cybydd	46 & cân
Yr ail ddadl	43 & cân
Trydedd ran stori Gwgan y Cybydd	38
Y drydedd ddadl	36
Y Ffŵl a'i gân i gynghori'r merched	
Pedwaredd ran stori Gwgan y Cybydd	24
Y bedwaredd ddadl	35
Y Ffŵl yn dawnsio	
Pumed ran stori Gwgan y Cybydd	34 & cân
Y bumed ddadl	26 & cân

Yr unig rannau nad ydynt yn gyfartal yw'r bedwaredd a'r bumed, ond o'u cyfuno ceir bod 58 pennill wedi eu clustnodi ar gyfer stori'r Cybydd a 61 ar gyfer y ddadl grefyddol.

Y mae gwedd arall ar y cydbwysedd y tâl oedi i'w hystyried. Stori fer a seml sydd yn y testun byrraf, *Histori'r Geiniogwerth Synnwyr*. Mewn un olygfa ar ddechrau'r chwarae gwelir y marsiant yn cyfarch ei wraig ac mewn golygfa arall yn cwrdd â'r butain, Bronwen, am y tro cyntaf. Fe'i dilynir ar ddiwedd yr anterliwt wrth iddo ddychwelyd at y ddwy wraig yn eu tro. Er mwyn sicrhau cydbwysedd rhaid oedd sicrhau bod stori'r Cybydd, hithau, yn un uniongyrchol. Marsiant yw'r Capten Ffactor, yntau, fel y prif gymeriad yn *Histori'r Geiniogwerth Synnwyr*. Ond y mae ei anturiaethau ef yn fwy niferus a'i hanes yn fwy cymhleth, a bu'n rhaid wrth gant yn fwy o benillion i wneud cyfiawnder â'r rhan hon o'r stori yn *Hanes y Capten Ffactor*. Os mynnai Huw Jones i'r ddwy haen fod yn gyfartal, yr unig ddewis a oedd ganddo oedd chwyddo hanes Deifes y Cybydd. Dilynir sawl ysgyfarnog, felly, yn yr anterliwt hon. Edrydd y Cybydd am y profiad a gafodd, yn rhinwedd ei swydd fel cwnstabl, wrth iddo archwilio'r darpar filwyr a'u hyfforddi. Ceir golygfa nid annhebyg yn 'Pandosto' pan orfodir y Cybydd i ymuno â'r Milisia. Cyfeiriwyd eisoes at ei anffawd pan gaiff ei alw gerbron yr esgob i ateb cyhuddiad o odineb. Dilynir symudiadau Nansi, merch y dafarn, hefyd. Mewn un olygfa daw'r Bragwr ati i hawlio'r hyn sy'n ddyledus iddo, ac mewn golygfa arall ceir cyffes Nansi a'i gofid am ei bod yn awr yn dioddef tlodi a newyn am iddi dwyllo'r Cybydd a thadogi ei phlentyn arno ar gam. Mewn golygfa arall sonia'r Ffŵl am ei anturiaethau rhywiol yn Nhwrci, ac yntau yn garcharor. Er nad yw cywaith Huw Jones a Siôn Cadwaladr yn annhebyg i *Hanes y Capten Ffactor* o ran ei hyd, gwahanol iawn ydyw gyda golwg ar ei gynllun sylfaenol. Ni wnaed unrhyw ymgais i sicrhau cydbwysedd rhwng y ddwy haen y tro hwn; i hanes y Brenin Dafydd y rhoddwyd y flaenoriaeth a hawlia'r rhan hon 54% o'r penillion; traean y penillion (32%) a neilltuwyd ar gyfer hanes Madog y Cybydd.

Ar un adeg o leiaf yn ei fywyd cynigiai'r anterliwt i Dwm o'r

Nant lwybr ymwared rhag dyledion. Sonia yn ei hunangofiant am yr arian a enillodd ef a'i gymar wrth chwarae *Pedair Colofn Gwladwriaeth*:

> Ond ni waeth tewi—adref y deuthum i o'r Deheubarth, heb na cheffyl na *gwagen*; ac nid oedd dim gennyf i droi ato, oddieithr gwneud *Interlute*: a hynny a wneuthum.
>
> Yn gyntaf, mi a euthum i Aberhonddu, ac a brintîais *Interlute Y Pedwar Pennaeth*; sef Brenin, Ustus, Esgob, a Hwsmon, a dyfod at fy hen *bartner* i chwarae honno, a gwerthu y llyfrau... (G.M. Ashton, gol., *Hunangofiant ... Twm o'r Nant*, 47-8)

Po fwyaf y chwaraewyr lleiaf y swm a dderbyniai pob un. Cyflwynid *Pedair Colofn Gwladwriaeth* gan ddau, ac yr oedd yr enillion o'r herwydd yn fwy sylweddol. Fel yr awgrymwyd yn y bennod gyntaf, ni ellir bod yn sicr a oedd i Huw Jones ei hun ran yn y chwarae ai peidio. At ei gilydd nid ymddengys ei fod yn ymroi i lunio anterliwtiau y gellid eu cyflwyno gan grŵp bychan o chwaraewyr, ac yntau yn un ohonynt, er nad ydoedd ei drafferthion bydol a'i angen am swcwr a chynhaliaeth yn llai na rhai Twm o'r Nant. Cynnwys y cywaith *Y Brenin Dafydd* ddau gymeriad ar hugain, ac er mai rhan fechan sydd gan lawer ohonynt rhaid oedd wrth o leiaf chwech i gyflwyno'r deunydd gan fod pump neu chwech o gymeriadau i'w gweld gyda'i gilydd ar y llwyfan mewn sawl golygfa. Mewn un olygfa, er enghraifft, cyflwynir Hanon a dau o'i dywysogion ynghyd â dau o genhadon y Brenin Dafydd, a chyn y diwedd bydd Cecryn, y Ffŵl, yntau, wedi rhoi ei big i mewn. Byddai angen nifer tebyg i gyflwyno *Hanes y Capten Ffactor* drachefn. Tri chymeriad ar hugain sydd yn hon, ac unwaith eto y mae cynifer â chwech i'w gweld gyda'i gilydd ar y llwyfan: y mae'r Capten Ffactor a dau o'i gyd-forwyr yn dyst i fygythiad y Syltan a'r Sarasin i labyddio Prudensia yng ngwlad Twrci, ac y mae'r Capten, Prudensia (a'i baban) ynghyd â'i rhieni hithau, yn bresennol yn y llys yn Fenis pan ddaw'r cychwr i hawlio ei dâl.

Y mae llai o rannau yn *Histori'r Geiniogwerth Synnwyr*. Deuddeg cymeriad sydd yn hon, ac y mae'r anterliwt yn llai uchelgeisiol yn gymaint ag y gallai pedwar chwarae'r holl rannau. Dyma un gwaith, fe ymddengys, a gynlluniwyd gydag anghenion cwmni penodol mewn golwg. Y mae'n amlwg mai'r un chwaraewr a gymerai rannau'r ddwy wraig, ac yn ffodus i'r marsiant anffyddlon, nid rhaid iddo wynebu ei wraig a'i gariadferch gyda'i gilydd, ac ni ddaw'r ddwy wraig wyneb yn wyneb am yr un rheswm. Ymddengys mai'r sawl a chwaraeai'r ddwy ran hyn oedd y prif gymeriad. Datgenid pedair o'r wyth cân yn yr anterliwt gan y sawl a chwaraeai ran y wraig ddioddefus ar y naill law a'r butain ddiegwyddor ar y llaw arall. Y mae *Protestant a Neilltuwr* yn debycach i *Histori'r Geiniogwerth Synnwyr* nag i'r ddau destun arall am fod modd i gwmni bychan ei chyflwyno hithau. Deg rhan sydd yn y gwaith hwn a nodir ar ddechrau'r chwarae mai tri aelod a berthynai i'r cwmni:

Traethydd	Rwyf fi a'm ffrind yn osio
	Mynd hyd y wlad i'w hactio.
Ffalster	Dyna'r gwaith ffitia' i chwi, nos a dydd;
	A gaf finne'n drydydd droedio? ...

Ac mi a'ch dilyna' am flwyddyn
Drwy degwch yn drydydd diogyn. (AHJL 201)

Hynodrwydd *Protestant a Neilltuwr*, fel y gwelwyd, yw'r camau a gymerodd Huw Jones i sicrhau cydbwysedd rhwng y ddwy haen annibynnol. At hyn, gofalodd yr awdur fod y ddadl rhwng y ddau grefyddwr yn un gytbwys. Y mae'n wir fod y Neilltuwr, erbyn y diwedd, yn cydnabod ei gam ac yn dychwelyd i'r eglwys, ond ar yr un pryd, yng nghwrs y pum golygfa lle yr olrheiniwyd y gwrthdaro, awgrymwyd nad oedd y sefydliad eglwysig mor berffaith ag y gallai fod. Tybed a fyddai'r modd y dosbarthwyd y rhannau rhwng y tri chwaraewr yn cynnig goleuni pellach ar y gwrthdaro, ac yn awgrymu ystyriaethau na fyddent yn amlwg i'r sawl a ddarllenai'r testun mewn gwaed oer? Yn yr haen draddodiadol gwelir y Cybydd yn cael ei dwyllo gan ei wraig afradus a chan yr ail wraig a roes ar ddeall iddo ei bod yn siopreg gyfoethog. Yr un cymeriad a chwaraeai ran y Neilltuwr, ac nid annhebyg ei dynged yntau. Cafodd ei dwyllo gan Howel Harris a'i ddilynwyr ond gwelodd y goleuni a dychwelodd i'r gorlan. Daw tröedigaeth i ran y ddau gymeriad o dan ddylanwad Cydwybod, a llwyddodd Huw Jones o ganlyniad i greu undod effeithiol. Chwaraeid rhan Cydwybod gan y sawl a chwaraeai ran y Protestant, a dyma ddull cyfrwys o ffafrio un blaid ar draul y llall yn y ddadl. Ond yr un cymeriad a chwaraeai rannau'r ddwy wraig a dwyllodd y Cybydd, sef ei wraig gyntaf a fu'n gwario ei arian yn ddiedifar a Mal Bedleres, y siopreg gynllwyngar. Nid yw'r ffin rhwng y rhinweddau a'r gwendidau yn un amlwg yn yr anterliwt hon, ac ychwanegu at yr aneglurder yn hytrach na chwalu'r niwl a wna'r modd y trefnwyd y rhannau.

Mewn byd tebyg i'r byd y buasai'r gynulleidfa yn gyfarwydd ag ef y lleolir y cymeriadau a ddarlunnir yn yr anterliwtiau, a hawdd fyddai i bob un a welai'r chwarae uniaethu â'r cymeriadau ac â'u hamgylchiadau. Cyfeirir at ffair a marchnad, at batrwm y bywyd amaethyddol digyfnewid, at gyflogi gweision a morynion ac at orchwylion y tymhorau. Buasai'r hwsmon a ddewisai gynilo ei arian yn ffigwr cyfarwydd, yn ogystal â'r sawl a ddewisai fynd i weld gornest ymladd ceiliogod. Disgrifir hoffter y gwragedd o de ac awydd y merched ieuainc i ymbincio ac i ymwychu er mwyn canfod cariad. Yn wahanol i anterliwtiau Twm o'r Nant ni ellir honni bod yng ngwaith Huw Jones gorff o feirniadaeth gymdeithasol. Testun difyrrwch yw cyhuddiadau'r Cybydd fod y gweision a'r morynion yn ddigon parod i fwyta ond yn gyndyn i weithio. Beirniedir yr offeiriaid, y cyfreithwyr a'r meddygon wrth fynd heibio ond cynnil mewn gwirionedd yw'r cyfeiriadau atynt. Yn *Hanes y Capten Ffactor* yn unig y crybwyllir y Methodistiaid. Awgrymir bod ambell un yn cyfeirio ei gamau tua Lloegr, er na ddaw elw i'w rhan yn sgil hynny. Colli ei arian a wnaeth Oferddyn, mab Cybydd *Histori'r Geiniogwerth Synnwyr*, wedi iddo ddewis 'Dal mil o bunne ar goese hen gaseg' yn yr Amwythig (AHJL 169). Colli ei Chymraeg a wnaeth Dows, merch y Cybydd, yn *Y Brenin Dafydd* wedi iddi fod am dymor yn yr ysgol yng Nghaer yn dysgu dawnsio. Cynnig pleser yn hytrach nag athrawiaeth oedd amcan Huw Jones, ac er gwaethaf cywair ymddiheurol y diweddglo yn *Histori'r Geiniogwerth Synnwyr*, anodd credu na lwyddodd i gyflawni ei nod:

HUW JONES O LANGWM

Ffarwél, y cwmni hawddgar,
Derbyniwch hyn yn dringar;
Ni welodd neb hyd hyn o'i oed
Gan Huw Llangwm erioed waith llungar. (AHJL 197)

IV

HUW JONES Y CYHOEDDWR

Ymddangosodd *Dewisol Ganiadau yr Oes Hon*, blodeugerdd gyntaf Huw Jones o Langwm, yn 1759. Un arwydd o boblogrwydd y faled brint yn y ddeunawfed ganrif oedd y modd y'i defnyddiwyd yn gyfrwng hysbysebu pob math o gyhoeddiadau, ac mewn baledi a ymddangosodd yn 1758 y clywodd y Cymry gyntaf am gynlluniau bardd Llangwm. Mewn llyfryn a argraff-wyd yn yr Amwythig dros Thomas Roberts, hysbysir:

> Fy anwyl Gyd Wladwyr. Rwy fi yn yn bwriadu trwy gynnorthwy osod allan yn argraphedig Lyfr a elwir Dewisol Ganiadau Yr Oes Hon; yn ddwy rann. Y rhann Gyntaf. Englynion cywyddau ac awdiau goreuwaith y Parchedig ar celfyddgar athraw Mr. Wm. Wynne, Person Llangynafal, Parchedig Mr. Gronow Owen, o Ynys Fon, Parchedig Mr. Evan Evans, diweddar Curad Mynafon, Mr. Rice Jones, o'r Blaene; Llanfachrath, Mr. Edward Jones, Bodfare, ag eraill. Yr ail Rhann. Carolau Plygain a Cherddi ar y ddyll newydd na fuant yn scrifenedig nac yn brintiedig erioed or blaen, o waith y Beirdd Cymraig, sef Hugh Jones, Llangwm, ac eraill. (BWB 162)

Peth cyffredin yn y cyfnod hwn oedd cyhoeddi llyfrau trwy danysgrifiad. Disgwylid i'r prynwr dalu ernes ymlaen llaw a thalu'r swm a oedd yn weddill pan dderbyniai'r copi. Yr oedd i'r drefn fanteision amlwg o ran y cyhoeddwr ac o ran yr argraffwr. Gallai'r cyhoeddwr fesur y gefnogaeth i'w fenter a phennu'r nifer o gopïau i'w hargraffu yn hyderus, tra câi'r argraffwr daliad ymlaen llaw a'i galluogai i brynu'r papur ac i'w ddigolledu am yr amser a dreulid yn cysodi'r deunydd. Ond yr oedd i'r drefn ei

hanfanteision, a'i pheryglon hefyd. Ar brydiau gallai'r prynwr
aros yn hir am ei gopi. 'Ai oedi fyth ac etto argraphu'r llyfr y mae
Llangwm? Mae subscribers Mon yn ei ddwrdiaw yn erchyll!'
cwynai William Morris ym mis Gorffennaf 1762 (ML ii 490), ac
nid oedd ei anniddigrwydd fymryn yn llai ymhen y flwyddyn
wrth iddo ef a'i gyd-danysgrifwyr ym Môn ddechrau amau a
welent ail flodeugerdd Huw Jones, y *Diddanwch Teuluaidd*: 'Ow
Llangwm, pa beth sydd arnat na ddeui a llyfrau i'r wlad cyn
marw o'r holl subscrifwyr? Llawer aeth i laith [= marwolaeth] er
pan gafed yr arian' (ML ii 564). Cael a chael oedd hi yn yr achos
hwn; derbyniodd William Morris ei gopi ddiwedd mis Hydref
1763 a bu farw ymhen deufis ar 28 Rhagfyr a'i gladdu y diwrnod
canlynol yn eglwys Caergybi. Gallai'r argraffwyr, hwythau, fod
yn araf a di-hid, a chwynid yn fynych am ansawdd gwaith y
cysodwyr anghyfiaith yn yr Amwythig, yng Nghaer ac yn
Llundain. Pan oedd Huw Jones yn yr Amwythig yn llywio
Dewisol Ganiadau trwy'r wasg, teimlodd dan reidrwydd i anfon
neges at y rhai hynny a oedd yn aros am eu copïau ar ffurf
dilyniant o chwe phennill. Pwysleisia Huw Jones mai'r argraffwr
oedd i'w feio am yr oedi:

> Pob Cymro da radde sy'n disgwyl ers dyddie
> Lyfr Dewis Ganiade i'w bronne am ei bris,
> Fe'*i* cawse bob gwladwr yn gynt yn ei barlwr
> Oni bai'r printwr a'r prentis ...
>
> Cleger a'u cege yn waeth na hen wydde,
> "Wat? Wat?" meddwn inne y bore yn ddi-barch;
> Fy llyfre ddanfona' i'r Cymry mwyneiddia'
> Pe cawn-i nhw oddi yma yn ddiamarch ...
>
> Pe cawn-i, 'r gwŷr mwynion, ymadel â'r Saeson
> Down atoch yn union trwy'r tirion Dduw Tad,
> A'r prydydd mwyn galon nid aiff at y Saeson
> Ddim pellach na'r 'Deyrnion, rwy'n dirnad. (BWB 155B)

Cyfeiriwyd eisoes at y tro gwael a wnaeth Huw Jones â William
Roberts a argraffodd y *Diddanwch Teuluaidd*. 'Ffei o hono
Llangwm frwnt, rwy'n lled ammau ei onestrwydd; mae arno

aneirif o arian i'r argraphydd yma, yr hwn sydd arno eu heisiau' (ALMA 611), oedd cwyn Richard Morris yn 1764. Gwireddwyd ei ofnau. Ni thalwyd yr argraffwr am ei waith a diweddodd ei ddyddiau yn y tloty yn fawr ei drueni. Yn un o'i lythyron at Ddafydd Jones o Drefriw dair blynedd yn ddiweddarach ni allai Richard Morris anghofio am 'Roberts y printiwr druan a amdwywyd gan y Llangwm atgas, yr hwn a gaiff gyfiawn dâl am ei ddrwg weithredoedd yn y byd nesaf' (ALMA 693).

Hawdd oedd i Richard Morris weld y trawst yn llygad Huw Jones ac anghofio am y trafferthion a barodd ef ei hun i Ddafydd Jones o Drefriw drwy esgeuluso'r dasg o ddosbarthu *Blodeugerdd Cymry* ymhlith aelodau Cymdeithas y Cymmrodorion yn Llundain. Addawsai Lewis Morris y byddai ei frawd yn fodlon derbyn copïau; 'ni wn i nad eill ef gael gan yn agos i Gant o honynt gymeryd y llyfrau ond cael eu gweled unwaith yn Argraphedig' (ALMA 329). Anfonwyd cant o gopïau at Richard Morris, a'r unig beth y gallai ef ei wneud oedd bychanu ymdrechion Dafydd Jones a gresynu at ansawdd y cysodi: 'gresyn na fuasent yn well eu trefn, a'r orgraph yn gywirach; mae'r fath fwngleriaeth yn dwyn y gnofa yn fy mol i, a'r dincod ar fy nannedd: ffei ffei rhag cywilydd' (ALMA 441). Bu'n rhaid i Ieuan Fardd ysgrifennu ato ar fwy nag un achlysur i'w atgoffa am amgylchiadau'r golygydd:

> Myfi a ysgrifennais lythyr attoch es dyddiau ynghylch llyfrau Dewi Fardd, ac ni chefais i nag ynteu yr un atteb gennych. Dyma fi yn dyfod unwaith drachefn i'ch blino. Ertolwg byddwch mor fwyn er trugaredd a golygu gronyn tuac at werthu ei lyfrau, o herwydd dyma ef dan gwynfan yn deisyf arnaf ysgrifennu attoch. Pur helbulus yw Dewi druan, a gwraig a rhawd o blant bychain ganddo, sef chwech neu saith. I mae yn achwyn bod arno ddyled ...
>
> (ALMA 505)

Trwy danysgrifiad, felly, y dewisodd Huw Jones gyhoeddi ei flodeugerdd gyntaf. Y mae'n amlwg ei fod ef ei hun wedi bod yn casglu enwau tanysgrifwyr, ond rhesymol tybio bod Thomas Mark a'i debyg wedi estyn cymorth iddo yn ogystal. Gwerthwr baledi oedd Thomas Mark, a gwyddys fod pump o'r baledi y bu'n eu gwerthu yn cynnwys cerddi a luniwyd gan Huw Jones. Yn un o'r baledi a werthid ganddo hysbysir:

> Y mae Llyfr dewisol Ganiabau [sic] mewn Print; pwy bynag a yro ei Arian at yr awdyr sef Hugh Jones Llangwm neu werthwr y falet Thomas Mark ac amryw eraill o hyn i Fis o hâf fe fydd diogel oi cael gan eich gostyngedig wasanaethwr Hugh Jones. (BWB 71B)

Ni chafodd Huw Jones unrhyw gymorth gan Forrisiaid Môn, ac nid enwir yr un o'r tri brawd ymhlith y tanysgrifwyr. 'Ceisiwch f'eneidiau bawb ddwfr iw long, gan fod y gelynddyn ar eich gwarthaf' oedd y rhybudd a anfonodd William Morris at Siôn Owen, ei nai, yn Llundain ddiwrnod Calan Gaeaf 1758, wedi i Huw ymweld â Môn (ML ii 94). Nid adwaenai William Huw Jones, a hynny sy'n esbonio ei anghymeradwyaeth reddfol. 'Rhyw ddyn' anhysbys oedd Huw yn ei olwg, ac ni wyddai lawer yn fwy amdano erbyn 20 Tachwedd pan ysgrifennai drachefn at Siôn Owen: 'Rwyn deall mae rhyw hurthgen o swydd Ddinbych sydd am gyhoeddi gwaith y tri offeiriad feirdd' (ML ii 96). Mewn llythyr a anfonodd Lewis Morris at Edward Richard, Ystrad Meurig, y clywir enwi Huw Jones am y tro cyntaf. Meddai Lewis, 'There is another bungler now a publishing some poetry by subscription, one Hugh Jones' (ALMA 415). Trwy ei ymdrechion ei hun y cynullodd Huw Jones y deunydd, a thrwy gymorth gwŷr megis Thomas Mark y sicrhaodd gefnogaeth ychydig dros fil o garedigion, y rhan fwyaf ohonynt yn hanu o'r gogledd-ddwyrain. Nid bychan o gamp oedd hynny o ystyried y cyngor a roes Lewis Morris i Ddafydd Jones o Drefriw ym mis Mehefin 1757:

> Am y rhifedi o Lyfrau a ddylaech i Brintio, gadewch hynny hyd y diwaethaf, mynnwch weled ynghyntaf pa rifedi o *subscribers* a gewch. Breuddwydio 'roeddech yn son am Fil neu Bymtheg Cant; os cewch *Bum Cant* chwi gewch yn rhyfeddol; yn Enwedig a Phrinned yw'r Geiniog ynghymru y dyddiau yma. Mi adwaen fi lawer o Awdwyr Godidog na fedrasant gael oddiar Gant neu ddau o'r Eithaf. (ALMA 309-10)

Anodd gwybod beth yn union a'i hysgogodd i fynd ati i baratoi *Dewisol Ganiadau*, ond gellid tybio bod sawl peth wedi dylanwadu arno. Enillodd y cerddi carolaidd eu plwyf o dipyn i beth yn ystod yr ail ganrif ar bymtheg. Bernir mai canu Dafydd ap Gwilym a boblogeiddiodd fesur newydd y cywydd yn y bedwaredd ganrif ar ddeg, ac y mae lle i gredu i Huw Morys, Pontymeibion, gyflawni cymwynas debyg yn yr ail ganrif ar bymtheg gyda golwg ar y cerddi hynny a seiliwyd ar fesurau cerddorol. 'A surprising Comet' oedd disgrifiad Lewis Morris o Huw Morys yn ei lythyr cyfarch yn y *Diddanwch Teuluaidd* (t. ix). Mabwysiadwyd y cywydd yn frwd gan gyfoeswyr Dafydd, ac yn yr un modd, erbyn troad yr ail ganrif ar bymtheg, yr oedd beirdd amlwg megis Edward Morris, Perthillwydion, ac Owen Gruffudd, Llanystumdwy, ynghyd â lliaws o feirdd llai adnabyddus megis Elis Rowland, Harlech, a Dafydd Manuel o blwyf Trefeglwys, yn llunio cerddi serch a chrefyddol ynghyd â cherddi mawl, marwnad a gofyn, ar fesurau megis 'Heavy Heart', 'Leave Land' a 'Loath to Depart'.

Bu rhai o'r cerddi hyn (a'r carolau plygain yn fwyaf arbennig) yn cylchredeg ar lafar, ond y mae lle i gredu i lawer ohonynt gael eu llunio i'w darllen, a bu copïo dyfal ar gyfansoddiadau Huw Morys yn ystod ei fywyd ac wedi ei farw yn 1709. Diolch i arloeswyr megis Siôn Rhydderch dechreuwyd eu hargraffu yn negawdau cynnar y ddeunawfed ganrif ar ffurf llyfrynnau pedwar neu wyth tudalen. Nid oedd yn gyd-ddigwyddiad fod Siôn Rhydderch yn fardd ei hun, ac yr oedd ganddo gyswllt â gwŷr llên ym mhob rhan o Gymru. Y mae'n debyg mai ef oedd y cyntaf i sylweddoli bod galw am garol a baled, ac y gellid porthi'r galw hwnnw trwy gynhyrchu'r llyfrynnau a elwir gennym yn faledi. Cyn hynny, fodd bynnag, cynullwyd rhyw gymaint o'r deunydd a oedd yn cylchredeg ar lafar ac yn ysgrifenedig, a'i gyhoeddi mewn blodeugerddi, a thystia'r rhain eto i boblogrwydd y cyfrwng newydd. Ymddangosodd *Cerddlyfr* Foulke Owen, Nantglyn, yn 1686, a pharatôdd Thomas Jones, a oedd erbyn hynny yn argraffwr yn yr Amwythig, fersiwn diwygiedig ddeng mlynedd yn ddiweddarach, yn 1696, o dan y teitl *Carolau a Dyrïau Duwiol*. Erbyn 1729 teimlai Siôn Rhydderch fod galw am argraffiad newydd, ac yn y gyfrol a lywiodd ef trwy'r wasg y flwyddyn honno ceir atodiad a oedd yn cynnwys dros gant yn rhagor o dudalennau a 35 cerdd newydd, chwech ohonynt wedi eu llunio ganddo ef ei hun. Ailargraffwyd y gwaith hwn gan Thomas Durston yn 1745. Er bod cyhoeddi blodeugerdd megis *Dewisol Ganiadau*, ac ynddi ryw ddeucant o dudalennau, yn gryn fenter, yr oedd eraill wedi paratoi'r ffordd, ac wedi dangos fod galw ymhlith y Cymry cyffredin am ddeunydd o natur boblogaidd.

Byddai Huw Jones yn ymwybodol fod un o blith ei gydnabod yn paratoi blodeugerdd, ac efallai i hynny ei ysgogi. Ymddangosodd *Blodeu-gerdd Cymry* Dafydd Jones o Drefriw yn 1759, yr un flwyddyn â *Dewisol Ganiadau* Huw Jones, ac argraffwyd y ddwy gyfrol yn yr Amwythig gan Stafford Prys. Yr oedd blas crefyddol ar lawer o'r cerddi ym mlodeugerdd Dafydd Jones. 'Rwy'n gobeithio', meddai, 'nad oes yn hyn o Lyfr ddim a wna niwed i Grefydd neb. Os wyfi yn adgyfodi gwagedd, ac yn hau llygredigaeth; yr wyf yn y Camwedd yn gymaint a'r gwyr a wnaeth y gwaith' (t. xii). Fel Dafydd Jones, rhoes Huw Jones, yntau, le amlwg i garolau plygain. Y mae un o bob tair o'r cerddi rhyddion yn ei ddetholiad yn garolau plygain, ac ochr yn ochr â hwy ceir darnau megis 'Cerdd yn erbyn chwantau cybyddus', 'Cerdd o gysur i'r galarus duwiol' a 'Cerdd o gwynfan pechadur'.

Eto, er i'r ddau gasgliad ymddangos yr un flwyddyn, y maent yn wahanol ar lawer ystyr. Casgliad o ganu beirdd yr ail ganrif ar bymtheg a degawdau cynnar y ddeunawfed ganrif yw *Blodeu-gerdd Cymry*, ac er bod rhwng ei chloriau weithiau gan 69 bardd (a gweithiau Dafydd Jones ei hun yn eu plith, er mawr ddigofaint i'r Morrisiaid), Huw Morys (46 cerdd), Owen Gruffudd, Llanystumdwy (16 cerdd), ac Edward Morris (11 cerdd) yw'r ffigurau amlycaf. Y mae *Dewisol Ganiadau yr Oes Hon* yn deitl addas gan fod blas cyfoes iawn ar y cynnyrch, er bod y flodeugerdd hon yn deneuach o ran ei maint ac yn cynnwys gwaith llai o feirdd – gwaith pymtheg bardd sydd yma. Rhwng 1752 ac 1754 y lluniwyd y tair cerdd gaeth o waith Goronwy Owen, a mydryddwyd y dyddiad 1758 mewn tair baled o blith yr wyth a ganodd Huw Jones ei hun. Yn y flwyddyn honno hefyd y bu farw'r bardd Arthur Jones, Llangadwaladr, a goffeir mewn cywydd o waith Jonathan Hughes. Dathlodd Rhys Jones o'r Blaenau briodas Dafydd Gwyn, Taliaris, yn 1756 yn un o'i gywyddau, a digwyddiadau yn ynys Minorca yr un flwyddyn yw cefndir cywydd Huw Huws, y Bardd Coch o Fôn. Ym mis Mai 1756 ymosododd llynges Ffrainc ar yr ynys a fuasai o dan reolaeth y Saeson er 1708, ac yn fuan wedyn dienyddiwyd y llyngesydd John Byng am iddo ddewis peidio ag ymlid y Ffrancwyr a'u hwynebu mewn brwydr. Aeth Huw Huws i hwyl wrth iddo gynganeddu ymson honedig y llyngesydd di-asgwrn-cefn yn yr iaith fain:

> D'wedodd y Sais ond odid
> Cyn ymladd a'm lladd mewn llid:
> Steer from hence there's the ffrens-mon,
> By God I'd rather be gon.
> Calon Hwch cilio 'wnai hwn
> Bagad o'i wŷr dybygwn,
> Haedde'r euog eu Crogi
> Gwarth yw'r braint gwerthu'r bri. (t. 79)

Hynodrwydd pennaf *Dewisol Ganiadau* yw i Huw Jones gynnull ynghyd gerddi caeth a baledi. Rhannwyd y casgliad yn ddwy adran weddol gyfartal – yr awdlau, y cywyddau a'r englynion yn y rhan gyntaf, a'r baledi yn yr ail (er bod holl waith Edward Jones, Bodfari, yn gerddi caeth a rhydd, yn digwydd yn un bloc yn y rhan gyntaf). Cerddi mawl a marwnad yn nhraddodiad canu defodol Beirdd yr Uchelwyr yw llawer o'r deunydd yn y rhan gyntaf, a bu hynny o fantais i Huw Jones wrth iddo geisio cefnogaeth i'w fenter. Canodd Edward Jones, Bodfari, gyfres o englynion i Robert Prys, Bathafarn, ac enwir y gŵr hwnnw ymhlith y tanysgrifwyr. Un arall a enwir yw Hywel Lewis, Helygog, a cheir yn *Dewisol Ganiadau* gywydd moliant iddo o waith Rhys Jones o'r Blaenau.

Dymunai Dafydd Jones o Drefriw weld darllenwyr *Blodeu-gerdd Cymry* yn magu archwaeth at ganiadau dyrchafedig eu cywair, a hyderai y byddai'r detholiad a arlwyodd ger eu bronnau yn gwireddu'r amcan clodwiw hwnnw. Gobeithiai hefyd y

118

byddai'r deunydd a ddarperid yn denu'r ifanc at lyfrau ac yn eu cymell i feithrin y gallu i ddarllen:

> I mae yn fy Llyfr, Ganiadau Duwiol, a Diddanol, y rhai Diddan a roddais ynddo, sydd er boddhau y rhai Ifanc, fel y gallo y sawl sydd ac ychydig o ddysg ganddynt ddyfod i ddarllain yn well, ac i hoffi y rhai Duwiol cyn eu diwedd. (tt. xi–xii)

Rhennid y dyhead hwn gan William Hope, gŵr arall a ymroes i baratoi detholiad o faledi. O Fostyn yr hanai ef, a gwaith beirdd y gogledd-ddwyrain a gyflwynwyd yn *Cyfaill i'r Cymro* (1765):

> ... mae natur y cwymp ynom ni plant Adda pob ûn am blesio ei natur; un am y bŷd ai bleser, a rhain gan mwyaf oll am falchder; a'r Cymru'n enwedig, sydd am eu pleser; rhai am y canu, ag eraill am y dawnsiau, neu'r cyffelyb, amryw o honynt am chwereuon anghyfreithlon, osowaith; ond mae'r natur honno o ganu yn rhyw beth mwy tirion nag amriw o bethau. A chan weled hynnu, mi a ryfygais gasglu ychydig o Ganeuon penrhydd, hawdd iw dyscu; a phwy bynnag ai hystyrio, hwy allant fôd yn fuddiol a chysurus i ysgolheigion bychain, i arferyd dyscu a chynefino au llyfrau ... (t. iv)

'Carp safnrhwth tafod-ddrwg' oedd Elis y Cowper yng ngolwg Goronwy Owen (J.H. Davies, ed., *The Letters of Goronwy Owen*, 127), a dichon y cawsem ddisgrifiad nid annhebyg o Huw Jones o Langwm pe bai llwybrau'r ddau wedi digwydd croesi. Fodd bynnag, pennaf dymuniad Huw Jones oedd gweld ei gyd-Gymry yn gwerthfawrogi'r canu caeth traddodiadol o'r newydd, ac yn hynny o beth gellid dweud ei fod yn rhannu dyheadau Siôn Rhydderch ar ddechrau'r ddeunawfed ganrif a Lewis Morris a'i gylch diwylliedig yn ei oes ei hun:

> fy meddwl innau oedd printio hyn o'u gwaith i ddangos i Brydyddion Ifaingc a chymry aneallus, mor drwsgl y maent yn arferu'r Jaith, ac yn eiliaw rhigymau pen rhyddion gan ochel Cywrainddoeth athrawiaeth y dysgedigion o herwydd eu bod mor anhawdd dyfod i wybodaeth o honynt. (t. iii)

Un o bennaf cymwynasau'r Morrisiaid oedd diogelu barddoniaeth yr Oesoedd Canol. Sylweddolodd y brodyr fod canu Beirdd y Tywysogion a chanu eu holynwyr, Beirdd yr Uchelwyr, yn cynrychioli pennod odidog yn hanes ein llên. Ymroes Lewis Morris i chwilio am y llawysgrifau a oedd yn cynnwys canu'r gorffennol, a bu'n copïo ac yn astudio'r deunyddiau a ddôi i'w feddiant. Gobeithiai y byddai'r gwŷr ieuainc y gohebai â hwynt yn rhannu ei frwdfrydedd ac yn ysgwyddo'r baich, ac ar lawer ystyr peirianwaith a grëwyd er hybu'r diddordeb yn yr hen ganu ac er hwyluso'r gwaith o'i ddiogelu oedd Cymdeithas y Cymmrodorion a sefydlwyd yn Llundain yn 1751. Dechreuodd Lewis Morris gyhoeddi pigion o blith cerddi'r gorffennol yn *Tlysau yr Hen Oesoedd* (1735), cylchgrawn a fyddai'n lladd dau aderyn ag un ergyd trwy ddiogelu'r deunydd a gasglwyd a thrwy greu diddordeb yr un pryd. Ysywaeth, aeth y cynllun hwnnw i'r gwellt, ond ni bu'r ysgogi yn ofer. Ymddangosodd *Some Specimens of the Poetry of the Antient Welsh Bards*, a oedd yn cynnwys testun a chyfieithiad a wnaeth Ieuan Fardd, disgybl Lewis Morris, o rai o awdlau'r Cynfeirdd a Beirdd y Tywysogion, yn 1764, a chyhoeddwyd casgliad sylweddol o ganu Beirdd yr Uchelwyr rhwng cloriau *Gorchestion Beirdd Cymru* (1773) Rhys Jones o'r Blaenau, gŵr arall a ddaeth o dan ddylanwad Lewis Morris.

Cafwyd dadeni ym myd ysgolheictod yn y ddeunawfed ganrif ond cafwyd dadeni creadigol yn ogystal, a hwnnw hefyd wedi ei ysgogi gan Lewis Morris. Dewisodd ef efelychu themâu ei ragflaenwyr, ond yn bwysicach na hynny ceisiodd ymgyrraedd at yr un safonau ag a amlygid yng nghanu caboledig Beirdd yr Uchelwyr. Ni ddylid synnu bod dau o'i ddisgyblion, Goronwy Owen a Ieuan Fardd, yn patrymu eu cerddi ar weithiau beirdd y gorffennol, a'r clod mwyaf y gallai Lewis Morris ei gynnig i Ieuan Fardd oedd fod un o'i gywyddau yn arddull 'yr ancients' fel y galwai hwy. Ar gyhoeddi trysorau'r gorffennol y rhoes Lewis Morris ei fryd yn hytrach nag ar gyhoeddi ei waith gwreiddiol ef ei hun ac eiddo ei ddisgyblion. Er i rai cywyddau weld golau dydd yn yr almanaciau ac yn y llyfrynnau baledol a ymddangosodd yn ystod hanner cyntaf y ddeunawfed ganrif, ni chafwyd casgliad o gerddi caeth cyfoes. Yr oedd Huw Jones, felly, yn torri tir newydd trwy gynnwys yn rhan gyntaf *Dewisol Ganiadau* ddetholiad o gerddi cynganeddol Goronwy Owen, Ieuan Fardd a William Wynn a berthynai i gylch gohebol Lewis Morris, ynghyd â cherddi gan feirdd megis Rhys Jones o'r Blaenau ac Edward Jones, Bodfari, y gellir dweud eu bod yn tystio i barhad y traddodiad gwydn a hirhoedlog o arfer y mesurau caeth hynafol.

Fel y darparai Dafydd Jones yn *Blodeu-gerdd Cymry* abwyd diddan a fyddai'n cymell y darllenwyr i werthfawrogi'r caniadau duwiol, yn yr un modd cynigiai Huw Jones garolau a baledi yn ail ran ei ddetholiad gan hyderu y byddai ei ddarllenwyr yn meithrin chwaeth at y cyfansoddiadau mwy crefftus yn nhraddodiad penceirddiaid yr oes o'r blaen a welid yn y rhan gyntaf:

> Ond pob Cymro athrylithgar awyddus edryched ar waith Dechreuol y llyfr yma; a gwelwch fel y mae'r Diweddar Feirdd Dŷsgedig yn trefnu eu gwaith wrth Reolau a llâth fesurau'r prif-Feirdd enwoccaf a mwya Clodadwy yn y Dyddiau gynt; a phlant a phobl I faingc darllenyddion anhyddysg edrychan ar y rhann ddiweddaf or llyfr, yr hon sydd esmwythach a haws ei deall, fel plentyn bach yr hwn y rhaid iddo gael magwraeth ar Uwd peilliaid, Cyn y gallo lyngcu bara. (tt. iii–iv)

Gwyddys fod Huw Jones, Elis y Cowper a Thwm o'r Nant, tri o'r beirdd y ceir eu gwaith yn yr ail ran, yn troi yn yr un cylchoedd, ond nid oes tystiolaeth am ymwneud Huw Jones â gwŷr megis Goronwy Owen, Ieuan Fardd a Rhys Jones o'r Blaenau y gwelir eu gweithiau yn y rhan gyntaf. Derbyniodd Huw Jones ddeg o gerddi Rhys Jones (nid yw'r mynegai yn gyflawn ac ni restrir pob cerdd yn y fan honno), a'r bardd o'r Blaenau a luniodd y gyfres o saith englyn moliant i'r awdur a'i lyfr a welir ar ddiwedd *Dewisol Ganiadau*:

> Rhoed pob Tafod, glôd yn glwm, heb orphwys
> Mae'n berffaith ei Reswm;
> Hoyw lawn ei dro I Huw'n drwm
> A'i lawengerdd o Lanngwm.
>
> Argraphaist Nyddaist newyddion, Gerddi
> Gwiw Urddas prif Feirddion;
> Manwl Gywyddau mwynion
> I Euro sail yr oes honn ...

Di gei fawl haeddawl o hŷd, am d'Orchwyl
Da Erchwyn celfyddyd;
Tra bo haul Araul wryd
Gloyw beth yn goleuo Bŷd. (t. 190)

Nodwyd yn y bennod gyntaf i William Wynn, Llangynhafal, ymweld â Huw Jones pan oedd yng ngharchar Rhuthun yn 1755, ac nid annichon mai ef a blannodd y syniad am y detholiad ym meddwl Huw Jones. Rhoddir iddo le cwbl amlwg yn y flodeugerdd. Cynhwyswyd yn *Dewisol Ganiadau* naw o'i gerddi (er mai wyth a restrir yn y mynegai), chwe cherdd gaeth a thair cerdd rydd. Ei waith ef sy'n agor y detholiad ac fe'i cyferchir mewn tair cerdd arall: mewn awdl fer gan Ieuan Fardd, mewn awdl gywrain ar y pedwar mesur ar hugain gan Edward Jones, Bodfari, ac mewn cywydd hirfaith gan yr un gŵr. Ar sail ei englynion i lys Ifor Hael yr enillodd Ieuan glod fel bardd (ond ymhen ugain mlynedd y câi'r gyfres honno ei llunio), ac yn ei awdl cyffelyba William Wynn i gyfaill ac i noddwr Dafydd ap Gwilym:

Os hael am roi mael a medd i Ddafydd
Oedd ifor i'w duedd
Da ymmro Glwyd am roi gwledd
Ydyw Wynn i'w dai annedd.

Os celfydd Dafydd yngwawd Ifor hael
Os hylithr o gantor
Caniedydd celfydd mewn côr
Ydyw'r Gwyn dioer gynnor. (t. 23)

Tybed hefyd ai William Wynn a sicrhaodd fod Edward Richard, Ystrad Meurig, yn cytuno i danysgrifio? Gwyddys i William Wynn deithio i Geredigion ym mis Hydref 1759 ac iddo ymweld ag Edward Richard a hefyd â Lewis Morris. Rhoes yr achlysur bleser digymysg i Edward Richard. 'I have now seen you all', gorfoleddai, 'except Gronw, & that is a Happiness I dispair of' (ALMA 408). Ni fuasai'n syndod canfod i William Wynn ac Edward Richard ohebu â'i gilydd cyn yr ymweliad, ac i William Wynn ei hysbysu am gynlluniau Huw Jones, ond cofier hefyd fod Ieuan Fardd yn un o gyn-ddisgyblion yr ysgolfeistr o Ystrad

Meurig, a gallai yntau fod wedi dwyn yr hanes i'w sylw. Bid a fo
am hynny, ni allai Edward Richard ymatal rhag rhybuddio ei
gyfaill, Lewis Morris:

> Did you hear that one *Hugh Jones* is now printing off at
> Shrewsbury *your son Gronw's works, William Wynne's* & some
> others? ... This Information though late may possibly prevent
> murder. (ALMA 390)

Un arwydd o barch Huw Jones at William Wynn oedd y
cywydd marwnad ar ffurf ymddiddan rhwng y prydydd a'r
eglwys a ganodd iddo yn fuan wedi ei farw. Rhoes iddo'r teitl
syberw 'Cywydd Marwnad neu goffadwriaeth am y parchedig a'r
Celfyddgar athraw a phen Cymreigydd neu'r Prif Fardd
godidoccaf yn yr oes bresennol Mr Wm Wynne diweddar berson
Llan Gynhafal' (Llsgr. BL Add 14968, 151a). Tybed a oedd
William Wynn yn mynegi'r gwir pan ddywedodd mewn llythyr at
Richard Morris ym mis Medi 1759:

> We have another Publisher, one Hugh Jones of Llangwm. I am told
> his Book is now in the Press. He has some of the works of Goronwy,
> Ieuan & myself; what he has besides I know not tho' I have
> subscribed; murdering work I suppose. These Bumpkins have
> Ignorance & self-conceit in conjunction... (ALMA 402)

Ymateb Lewis Morris, mewn llythyr at Edward Richard, Ystrad
Meurig, oedd, 'Mr. Wynn is fonder of fame than I should be, when
got through such mean channels' (ALMA 415). Ond efallai fod
William Wynn yn chwennych yr enwogrwydd hwnnw, hyd yn oed
os ydoedd yn ddibynnol ar wasanaeth 'bumpkin' megis Huw
Jones. Cafodd William Wynn fagwraeth freiniol, a phwysleisiodd
R. Gwilym Hughes ei fod yn dra ymwybodol o'i statws ('William
Wynn, Llangynhafal' 22-3). Yr oedd yn fab i William Wynne,
Maesyneuadd, a thrwy gyfres o briodasau dros sawl cenhedlaeth,
crëwyd cyswllt rhwng teulu Maesyneuadd a rhai o deuluoedd
pwysicaf sir Feirionnydd ac Eifionydd, a Glyncywarch,
Ystumcegid, Rhagad, Rhiw-goch a Than-y-bwlch yn eu plith. Fel
meibion eraill y dosbarth y perthynai iddo, cafodd William Wynn
fanteision addysg prifysgol, a bu'n astudio yng Ngholeg yr Iesu,

Rhydychen rhwng 1727 ac 1735. Enillodd radd BA yn 1730 a gradd MA yn 1735. Gellid tybio y byddai'n awyddus i weld ei waith mewn print ac y mae'n arwyddocaol fod dwy o'i gerddi wedi eu cynnwys yn *Blodeu-gerdd Cymry* drachefn. Tybed sut yr ymatebai William Wynn i'r mawrygu afieithus a fu ar Oronwy Owen dlawd ym mhumdegau'r ddeunawfed ganrif? Gwnaeth Lewis Morris a'i frodyr fôr a mynydd o 'Cywydd y Farn' pan welsant hwnnw, ac efallai mai ymgais William Wynn i ddangos i'r brodyr y gallai yntau ganu cystal â'r bardd o Fôn a'i cymhellodd i lunio cywydd ar yr un pwnc. Y cywydd hwnnw sy'n agor *Dewisol Ganiadau*, er nad oedd gan Lewis Morris fawr o feddwl ohono: 'it is far inferior to ye other [cywydd Goronwy] – all in a cloud. There is in it a good strong line now and then, but too much art and too little nature' (ML i 376). Teg nodi mai cerdd gyffredin o ran ei chrefft oedd 'Cywydd y Farn' Goronwy Owen yng ngolwg William Wynn, yntau. Ychwanegodd wrth ei gopi yn llawysgrif Peniarth 122 sylwadau megis 'twyll gyngh. a chrych a llyfn', 'drwg ystyr', a 'rhy debyg'.

Ceir yn un o lythyrau William Morris awgrym cynnil fod a wnelo William Wynn â *Dewisol Ganiadau*. 'Mae'r Tal ['Ieuan Fardd' neu 'Ieuan Brydydd Hir'] am ei grogi [Huw Jones], a chwedi s'fennu at y Bardd Gwyn [William Wynn, Llangynhafal] i achwyn arno', meddai wrth ei nai, Siôn Owen, ym mis Tachwedd 1758 pan oedd cynlluniau Huw Jones yn cael eu datgelu (ML ii 96). Un esboniad fyddai fod William Wynn wedi cyflwyno i Huw Jones gerddi Ieuan, a hynny heb ei gydsyniad. Rhwng 1754 ac 1756 bu Ieuan yn gurad ym Manafon lle yr oedd William Wynn yn rheithor, ac efallai mai trwy law'r rheithor y derbyniodd Huw Jones y tair cerdd o waith Ieuan a gynhwyswyd yn *Dewisol Ganiadau*. Pan oedd Ieuan yn gurad Manafon copïodd ddau o gyfansoddiadau Goronwy Owen, sef 'Cywydd y Farn' a 'Cywydd Bonedd a Chyneddfau'r Awen'. Y mae'r ddau destun a gopïodd yn cyfateb bron yn union i'r testunau a gyhoeddodd Huw Jones yn *Dewisol Ganiadau*. At hyn, yr un mân wahaniaethau yn union sydd rhwng testun print Huw Jones a chopi llawysgrif Ieuan Fardd ar y naill law o 'Cywydd y Farn' a'r testun a gopïodd Goronwy Owen ei hun mewn llythyr a anfonodd at Richard Morris ar 15 Awst 1752. Ni ddiogelwyd copi yn llaw Ieuan Fardd o awdl Goronwy Owen ar y pedwar mesur ar hugain i gyfarch y Cymmrodorion, sef y drydedd gerdd yn y detholiad, ond y mae testun *Dewisol Ganiadau* yn cyfateb yn union i'r copi gwreiddiol yn llaw'r bardd. Anfonodd Goronwy Owen gopi o'r gerdd honno at Richard Morris ar 2 Ionawr 1754.

Tâl cofio mai gyrfa fer a gafodd Goronwy Owen, y bardd. Dechreuodd brydyddu o ddifrif ddiwedd 1751, ac o fewn chwe blynedd yr oedd yn croesi Môr Iwerydd a'i fryd ar droi dalen newydd a chefnu ar holl helyntion ei orffennol; yng ngeiriau brathog Lewis Morris, 'Daccw Ronwy fardd yn mynd i *Virginia* i ganu i'r Indiaid ag i fwytta dobacco' (ALMA 325). Er i Lewis a'i frodyr glodfori ei gerddi yn frwd, cylch dethol a wyddai amdanynt, ac ychydig o gylchrediad a fu iddynt cyn eu cyhoeddi yn y *Diddanwch Teuluaidd* yn 1763. Yr oedd William Wynn yn aelod o'r cylch gohebol, ac efallai iddo dderbyn copïau o gerddi Goronwy Owen gan un o'r tri brawd o Fôn. Ond yr oedd Ieuan Fardd, fel Goronwy, yn ddisgybl i Lewis Morris, a byddai'r athro yn rhoi ei ddisgyblion ar ben eu ffordd ac yn cywiro eu hymdrechion. At hyn, anfonai gerddi'r naill at y llall i'w sbarduno. Trwy efelychu 'Awdl y Coler Du' Ieuan Fardd y llwyddodd Goronwy Owen i lunio 'Awdl y Gofuned', er enghraifft. Ceisiai Lewis ysgogi ei ddisgyblion hefyd trwy feithrin ysbryd cystadleuol. Hysbysai Ieuan Fardd ym mis Ebrill 1752:

> I propose to you a correspondent, a friend of mine, an Anglesey man, who will be glad of your acquaintance and I dare say *you* of *his*. Especially when you have seen some of his performances. His name is *Gronow* Owen ... He is but lately commenced a Welsh poet, and the first ode he ever wrote was in Imitation of your ode on Melancholy, having no Grammar to go by. His Cywydd y *Farn fawr* is the best thing I ever read in Welsh. You'll be more surprizd with his Language & Poetry than with any thing you ever saw. His ode is stiled *The Wish*, or Gofuned Goronwy ddu o Fôn, and is certainly equal if not superior to any thing I ever saw of the Ancients.
>
> (ALMA 224)

Y mae'n debyg mai trwy ei gurad y cafodd William Wynn weld cynnyrch Goronwy Owen, ac fel yr awgrymwyd, ceisiodd efelychu camp disgybl disgleiriaf Lewis Morris trwy roi cynnig ar lunio ei gywydd ei hun ar bwnc Dydd y Farn.

Trwy ei gyswllt â William Wynn byddai Huw Jones wedi clywed am ymdrechion y Morrisiaid i gyhoeddi canu Goronwy Owen, ac efallai i hyn eto ddylanwadu arno. Buwyd yn pwyso ar Oronwy i gyhoeddi ei waith cyn gynted ag y gwelwyd 'Cywydd y Farn'. Ni ddigwyddodd dim, ac nid ymddengys fod Goronwy ei hun yn orfrwdfrydig ynglŷn â'r cynllun. Newidiasai ei gân erbyn 1757, ac awgryma Alan Llwyd yn ei gofiant iddo ei fod erbyn hynny wedi penderfynu ymfudo i Virginia, a gwyddai na châi gyfle arall i gyhoeddi ei waith. Dyfelir hefyd fod Goronwy yn gobeithio y deuai'r gyfrol â budd ariannol yn ei sgil, ac ymddengys ei fod wedi dechrau casglu arian gan danysgrifwyr er nad oedd y gyfrol wedi ei chwblhau (*Gronwy Ddiafael, Gronwy Ddu* 186-93). Nid oedd y cynlluniau yn nes at gael eu gwireddu ym mis Tachwedd y flwyddyn honno pan gamodd Goronwy a'i deulu ar fwrdd y *Tryal* yn barod i ddechrau ar eu mordaith ar draws Môr Iwerydd.

Gadawodd Goronwy ei gerddi yng ngofal Richard Morris, a dechreuwyd ystyried yn syth sut y gellid cael y maen i'r wal. Bernid nad oedd cerddi Goronwy ar eu pennau eu hunain yn ddigon ac anogwyd Lewis Morris a Huw Huws y Bardd Coch i gyfrannu eu cerddi hwythau er mwyn chwyddo'r casgliad. Ychydig o gynnydd a wnaed. Llesteiriwyd y cynlluniau gan elyniaeth ddigymrodedd Lewis Morris tuag at y disgybl a'i dychanodd yn 'Cywydd y Diawl', er bod cannoedd o filltiroedd o fôr yn eu gwahanu erbyn hynny, a bach o gefnogaeth a gafodd Siôn Owen, nai'r Morrisiaid, wrth iddo geisio dwyn yr holl ddeunyddiau ynghyd. Pan fu farw Siôn ym mis Gorffennaf 1759, ac yntau erbyn hynny wedi ei benodi yn glerc ar long ryfel, aeth yr holl gynlluniau i'r gwellt. Y mae'n wir i Richard Morris wneud un ymdrech seithug arall i ddwyn cerddi Goronwy Owen i olau dydd. Trawodd ar y syniad o gyhoeddi trafodion yn enw'r Cymmrodorion a fyddai'n cynnwys cerddi cyfoes ynghyd â deunyddiau o'r gorffennol, yn gerddi ac yn rhyddiaith. Aeth ar ofyn rhai o aelodau'r cylch gohebol ac nid yw'n destun syndod mai un o'r rhai cyntaf i ymateb oedd William Wynn, Llangynhafal, a anfonodd gopi ato o 'Cywydd y Farn' a dau gywydd arall a oedd eisoes wedi ymddangos yn *Dewisol Ganiadau*.

Arweiniodd methiant y Morrisiaid at ail flodeugerdd Huw Jones. Olrheiniwyd hanes cyhoeddi'r *Diddanwch Teuluaidd* yn dra manwl yng nghofiant Alan Llwyd i Oronwy, sef *Gronwy Ddiafael, Gronwy Ddu*, ac afraid ailadrodd yr holl fanylion yma. Ac yntau wedi profi llwyddiant yn 1759 wrth gyhoeddi *Dewisol Ganiadau*, diau i Huw Jones roi ei fryd ar gyhoeddi cyfrol arall. Dangosodd yn rhagair ei gyfrol gyntaf mai ei nod oedd dwyn cyfansoddiadau'r beirdd a ganai yn y mesurau caeth i sylw cynulleidfa ehangach, ac nid yw'n destun syndod iddo droi ei sylw at y cylch o brydyddion a ystyriai Lewis Morris yn dad ac yn athro iddynt. Bu farw William Wynn, Llangynhafal, yn 1760, a chollasai Huw Jones y cyswllt a oedd ganddo â Chylch y Morrisiaid. Un arall a berthynai i'r cylch oedd Huw Huws, y Bardd Coch o Fôn. Cyflwynodd un o'i gerddi i Huw Jones i'w chynnwys yn *Dewisol Ganiadau* ac fe'i henwir ymysg y tanysgrifwyr. Y mae'n bosibl hefyd mai trwyddo ef y cafodd Huw Jones enwau'r Monwysion prin a ddewisodd gefnogi ei flodeugerdd gyntaf. Sawl blwyddyn cyn hynny atebasai Huw Jones y pos a osododd Huw Huws mewn cyfres o bedwar pennill. Ato ef, felly, y troes Huw Jones. Yr oedd ym Môn ym mis Ionawr neu Chwefror 1761. Anfonodd Huw Huws ef ymlaen at William Morris, ac er nad ymatebodd ef yn frwd iawn pan oedd Huw Jones yn casglu tanysgrifwyr ar gyfer *Dewisol Ganiadau*, yr oedd yn barotach i'w gynorthwyo y tro hwn. Fe'i hanogodd i fynd i Geredigion i ymweld â'i frawd Lewis, ac i ofyn iddo am gopïau o'i gerddi:

> Pwy a ddeuai yma'r dydd arall ond Hugh o Langwm Fardd (a llythyr iwrth y Foelgoch) i erchi swrn o'ch cywyddau, etc., iw hargraphu yn y *Difyrrwch Teuluaidd*. Minnau attebais nad allwn heb eich cennad roddi iddo yr un, a'ch bod yn disgwyl ei weled yn y

Deau cyn y rhyfygai argraphu'ch gwaith. Yno dymuno a orug ym roddi iddo ronyn o lythyr attoch, a hynny a fu ... Mi roddais fy llaw am ddau o'i lyfrau, deued a ddelo o naddynt. (ML ii 299)

At hyn, ymddengys i William bwyso ar ei frawd Richard i roi iddo'r copi segur o gerddi Goronwy a oedd bellach yn ei feddiant. Cyn diwedd y flwyddyn yr oedd Huw wedi teithio i Lundain a'r cynigion wedi eu hargraffu. Diau iddo gwrdd â Richard Morris pan oedd yno ac i'r ddau gytuno y câi cerddi Goronwy Owen eu cynnwys yn y casgliad arfaethedig. Daliodd Huw Jones ar y cyfle hefyd i wneud ei gynlluniau yn hysbys, ac i rybuddio ei gyd-Gymry ei fod yn barod i ddechrau casglu enwau'r tanysgrifwyr, trwy gyfrwng un o leiaf o'r baledi a ymddangosodd y flwyddyn honno. Mewn baled a werthid gan Thomas Mark a fuasai'n cynorthwyo Huw Jones i gasglu enwau tanysgrifwyr ar gyfer *Dewisol Ganiadau*, rhybuddir:

Fod yn myned trwy Gynorthwy i'r Argraphwasg, Lyfr a elwir DIFYRWCH TEULUAIDD; Neu gasgliad o gywyddau Carolau â cherddi, o waith y parcheddig Mr. Gronwy Owen, Mr. Lewis Morys, Mr. Hugh Hughes, tri Bardd godidog o ynys Fôn. Gyda chwanegiad o waith Hugh Jones, Llangwm, ag eraill, y Cwbl na fu erioed yn Argraphedig o'r blaen. N.B. Y Llyfr hwn a fydd ugain si o Bapur a dau naw o Bris, sef chwecheiniog ymlaen-llaw, a Swll. pan dderbynioch y Llyfr. Yr Arian a dderbynir gan Werthwr y falet hon, ac amryw eraill ngwynedd. Tros eich Gwasanaethwr HUGH JONES, Llangwm. (BWB 77A)

Gellid tybio i gynllun gwreiddiol Huw Jones beri peth anesmwythyd yn rhengoedd y Morrisiaid. Buwyd yn llawdrwm iawn ar Ddafydd Jones o Drefriw am iddo gynnwys ei waith ei hun yn *Blodeu-gerdd Cymry*, yn gyfochrog â gwaith Huw Morys ac Edward Morris. Y peth olaf a fynnent ydoedd gweld Huw Jones yn elwa ar ei gyhoeddiad er mwyn ymhonni yn fardd o hil gerdd. 'Da chwithau', meddai William Morris wrth ei frawd, Lewis,

perswaediwch Huw i beidio cymmysgu gwagedd blith draphlith a cherddi godidawg, mal y gwnaeth Dewi o Drefryw a'r dyrifau er mawr cywilydd i'r oes hon. Ac os rhydd o ŷs ymhlith pur-yd, rhoed o ar ei ben ei hun fal y gellir i daflu gyda'r gwynt. Rwy'n tybiaw wahanu o Huw y gerdd yn y llyfr arall a argraphodd. (ML ii 299)

Y mae'n bur sicr mai bwriad y gŵr o Langwm oedd cynnwys ei farwnad i William Wynn, Llangynhafal, yn y casgliad gan fod ganddo gryn feddwl o'i ymdrech. 'I found Llangwm a little conceited, seem'd to say that his Cowydd Marwnad to Mr. Wyn was as good as Ieuan's, or words to that purpose', meddai William Morris mewn llythyr at ei frawd Richard ym mis Mai 1761 (ML ii 353). Ni chafwyd 'chwanegiad' o waith Huw Jones, ond yr oedd gweld un ddalen wag yn y *Diddanwch Teuluaidd* yn ormod i'r golygydd ei oddef, a bu'n rhaid iddo ychwanegu'r faled 'Cwynfan Merch (gwedi ufuddhau i'w Chariad, ac yntau [yn] ei gadel hi)', cerdd yn llinach y caneuon cynghori a berthynai i'r anterliwt, ac un a oedd eisoes wedi cylchredeg mewn baled a argraffwyd ddwy flynedd ynghynt. Ac felly rhagflaenir cerdd gyntaf Goronwy Owen, ei gywydd i'r awen 'Ar Ddull Horas', gan gŵyn y ferch:

Fy 'stwrdio am hel bastardied a rhythu llyged ym mhob lle,
Rwy', Duw yn fy rhan, mewn cyflwr gwan anniddan dan y ne'.
(t. xxxiv)

Mwy cyson â chywair y cynnwys oedd y chwe englyn o waith Huw Jones i annerch y llyfr a'r darllenwyr:

Derbynied, cym'red pob Cymro, – Cywrain,
Fae'n caru Dysg etto;
'N wych rasol, hwn a Chroeso,
Darllenied, myfyried, fo. (t. xxxii)

Cyhoeddwyd holl waith hysbys Goronwy yn y *Diddanwch*, ac yn 1763 ar ddalennau'r gyfrol hon y cafodd y Cymry gyfle am y tro cyntaf i ymgydnabod â'i waith. Cynhwyswyd hefyd waith Lewis Morris a Huw Huws, y Bardd Coch, ac er na restrir eu henwau yn y mynegai rhaid ychwanegu atynt bedwar bardd arall o Fôn, sef Richard Morris (awdur cywydd marwnad i'r Frenhines Carolina), Siôn Owen, nai'r Morrisiaid, Rhisiart Bwclai a Robert Hughes neu Robin Ddu yr Ail o Fôn a oedd yn bedair ar bymtheg oed pan ymddangosodd y *Diddanwch*. Y mae dylanwad y portread adnabyddus o Fôn yng nghywydd ateb

Goronwy Owen i Huw Huws yn drwm ar y cywydd unodl, 'Molawd Môn', a ganodd y bardd ifanc pan oedd yn ddwy ar bymtheg oed:

Siriol mal Rhosus Saron,
Ynys Haidd mwynaidd yw Mon;
Arglwyddes lân, neu fanon,
Ym mysg y Gwledydd yw Mon. (t. 206)

Ysgwyddodd pob un o'r brodyr rywfaint ar y baich. Bu William Morris, gyda chymorth Huw Huws, yn casglu enwau tanysgrifwyr ym Môn, ac ni fu ei ddau frawd, Lewis a Richard, yn llaesu dwylo ychwaith. Addawodd Cymdeithas y Cymmrodorion dderbyn hanner cant o gopïau ond tanysgrifiodd dros gant a hanner o Gymry Llundain hefyd. Y mae'n siŵr mai Lewis Morris a sicrhaodd mai yn Gymraeg y byddai swydd pob tanysgrifiwr yn cael ei chofnodi fel na châi'r Saeson achos i grechwenu wrth weld pa fath o bobl a ddarllenai ei gerddi. Ymhlith y swyddi a gynrychiolir ceir gwerthwr cwrw, gwerthwr caws, cigydd a sebonydd. Y mae lle i gredu na fu Huw Jônes ei hun mor weithgar ag y bu pan ydoedd yn casglu tanysgrifwyr ar gyfer ei flodeugerdd gyntaf, *Dewisol Ganiadau*. Ymhlith tanysgrifwyr y gyfrol honno enwir Thomas Roberts a William Roberts, dau a oedd yn datgan baledi, ynghyd ag Evan Ellis y gwyddys ei fod yn gwerthu'r baledi a oedd yn cynnwys cyfansoddiadau Huw Jones. Ni chofnodwyd eu henwau hwy ymhlith tanysgrifwyr y *Diddanwch Teuluaidd*. Daw cyfraniad y Morrisiaid i'r amlwg mewn ffyrdd eraill. Anfonodd William gerddi o waith Huw Huws, Siôn Owen a Robin Ddu at ei frawd Richard fel y gellid eu cynnwys yn y casgliad. Anfonodd Lewis ragor o'i gerddi i Lundain (ar ôl cryn bwyso arno) ac ef a luniodd y cyfarchiad i Wiliam Fychan, Corsygedol, Penllywydd y Cymmrodorion, ar ran Huw Jones ynghyd â'r llythyr cyfarch i William Parry, ysgrifennydd y gymdeithas (ar ôl rhagor o bwyso). Bu Richard Morris, yntau, yn ddyfal yn darllen proflenni a chafodd gymorth ei ddau frawd yn hynny o beth. Erbyn Mehefin 1763 yr oedd y proflenni olaf yn cael eu cywiro, a gallai Richard Morris ymfalchïo:

Mae'r sît ddiwethaf o'r llyfr cân yn y wasg. Fe fydd ar gerdded ar ffrwst, ac yn wir llyfr diddan iawn ydyw ... Yr oedd llyfr Llangwm megis yn perthyn imi, oni bae hynny, ni chymeraswn i fyth y fath boen gyd ag ef. (ML ii 566)

ac ymhen deufis arall gallai ddweud wrth ei frawd, Lewis, gyda rhyddhad amlwg, 'Mae Llangwm wedi myned ar gerdded efo'i lyfrau, ac mae'n debyg, y cewch ei weled ar fyrder' (ML ii 582). Serch hynny, anodd credu na fu misoedd 1762 ac 1763 yn rhai poenus i'r Morrisiaid, a bod llawer o ymholi a myfyrio dwys wedi digwydd yng Nghaergybi, ym Mhenbryn, Goginan, ac yn Llundain. Atgoffai William ei frodyr yn gyson am anonestrwydd honedig Huw Jones. 'Nid wyf fi yn deall monoch ynghylch matterion llymgi Llangwm. Da os na frath o chwi ar argraphydd pengrwn yna', meddai wrth Richard ym mis Medi 1763 (ML ii 587). Ofnai Lewis Morris y byddai Huw Jones yn cynnwys rhai o'i ganiadau masweddus yn y *Diddanwch*, a diau i Wiliam Fychan, Corsygedol, yntau, golli ambell awr o gwsg wrth feddwl fod dau o gywyddau Lewis i Haras, neu Sarah Froome, putain y treuliai amser yn ei chwmni pan fyddai wrth ei waith yn y Senedd, i'w cynnwys. Ni theimlai Richard Morris yn ei dro yn gysurus ei feddwl fod caniadau ei frawd a'r eiddo Goronwy Owen wedi eu cyflwyno i ddwylo Huw Jones: 'Och fi na chawn amser i ddiwygio beiau'r wasg, rhag anafu eich caniadau! Gresyn iddo eu cael' (ML ii 456).

Yn y cyfamser bu Huw Jones yn tramwyo yn ôl ac ymlaen rhwng Llundain a Chymru. Cafodd hamdden yn ystod un o'i ymweliadau â Llundain i lunio anterliwt *Hanes y Capten Ffactor*, ac wedi iddo gyhoeddi'r gwaith dychwelodd i Gymru i werthu'r copïau. Ni welwyd llawer arno yn Llundain yn 1762 ac efallai fod a wnelo hynny â'r ffaith fod Alis, ei chweched ferch, wedi ei geni ar 21 Gorffennaf. Yr oedd Huw Jones, fe ymddengys, yn ddigon parod i adael y gwaith o lywio'r gyfrol trwy'r wasg yn nwylo Richard Morris. Nid un i laesu dwylo ydoedd, serch hynny. Erbyn 1763 yr oedd William Roberts wedi argraffu gwaith arall ar ei ran. Llyfryn 24 tudalen oedd *Cyngor Difrifol i Gadw Dydd yr Arglwydd*, a Huw Jones a'i gwerthai am ddwy geiniog. Cyfieithiad gan awdur nas enwir o waith Josiah Woodward, *An Earnest Persuasive to the Serious Observance of the Lord's Day*, testun a gyhoeddwyd ar bedwar achlysur o leiaf yn ystod y ddeunawfed ganrif, yw'r *Cyngor Difrifol*. Fe'i dilynir gan y faled 'Myfyriwch, holl Gristnogion' o waith Huw Jones sy'n disgrifio'r modd y byddai'r Cymry yn treulio'r Saboth. Cynnwys y llyfryn ddwy gerdd arall, sef 'Cywydd y Bedd' o waith Rolant Huw o'r Graeenyn a chyfres o chwe englyn gan Huw Jones, 'Myfyrdod i Ddyn Ifangc ar y Sabbath'. Cofnodwyd y tair cerdd, y naill yn dilyn y llall, yn llawysgrif Cwrtmawr 209. Ailadroddir y nodyn hwn ar ddiwedd 'Cywydd y Bedd' yn y llyfryn ac yn y llawysgrif: 'Gwybyddwch nid o ran Cywraindeb y Cywydd uchod y gosodwyd ef yma, ond bod yr Ystyr yn ganmoladwy genyfi, Bardd Llangwm' (t. 23). Bu Huw Jones yn gysylltiedig â chyfrol arall a argraffwyd gan William Roberts yn ystod y blynyddoedd hyn. Ymddangosodd dwy o anterliwtiau Thomas Williams, ewythr yr argraffwr, yn 1761 o dan y teitl *Mynegiad yr Hen Oesoedd*. Cafwyd ail argraffiad y flwyddyn ddilynol ond bod y teitl yn wahanol y tro hwn. Hysbysir ar yr wynebddalen mai Huw Jones a werthai *Hanesion o'r Hen Oesoedd* a'i waith ef yw'r chwe englyn i gyfarch yr awdur a welir ar ddechrau'r gyfrol. Dyma'r olaf yn y gyfres:

> Llyfr Diddan gwiwlan, gwelwch, Awch dilys,
> I'ch Dwylaw derbyniwch;
> Ac hefyd eich Hanes cofiwch,
> Mwynder llawn cyn mynd i'r Llwch. (t. [ii])

Er i'r Morrisiaid estyn llaw i gynorthwyo Huw Jones, y mae'n annhebyg y buasent wedi mynd â'r maen i'r wal ar eu pennau eu hunain, a breuddwyd gwrach oedd honiad Richard mewn llythyr at Lewis, 'pei rhoisech i'r Cymmrodorion e fuasai'n llawer gwell y gwaith' (ML ii 456). Cyfeiriwyd eisoes at agenda ddiwylliannol Huw Jones, ond yr oedd ganddo amcan arall, a diau mai hwnnw a sicrhaodd fod y gwaith yn ymddangos yn y diwedd. 'For his own benefit', chwedl Lewis Morris yn ei gyfarchiad i William Parry, y dewisodd Huw Jones gynnull y cerddi yn y *Diddanwch*

Teuluaidd (t. [i]), ac os gallwn gredu honiadau'r Morrisiaid, y mae'n amlwg iddo elwa yn fawr ar ei fenter.

Ar ddiwedd y *Diddanwch* cyhoeddir y bwriad i baratoi chwaer gyfrol:

> Dyma'r LLYFR CYNTAF a'r a elwir, Diddanwch Teuluaidd, Yn dyfod i'ch plith yn ol fy addewid i, Yr hwn nid yw'n cynwys ond GWAITH Beirdd Mon yn unig. O herwydd bod genyf mewn Llaw ychwaneg o GANIADAU nag a gynhwysai'r Llyfr hwn; mae ail Lyfr i ddyfod allan o Waith Beirdd Dinbych, Meirion, ac eraill. (t. [266])

Buasai Richard Morris yn pwyso ar Ieuan Fardd i gyflwyno deunydd y gellid ei gynnwys yn nhrafodion arfaethedig y Cymmrodorion, ac yr oedd William Wynn eisoes wedi anfon rhai o'i gerddi ef i Lundain. Er gwaethaf yr holl amheuon ynghylch Huw Jones, y mae'n amlwg fod Richard Morris yn barod i gefnogi ei gynllun i baratoi ail gyfrol. Dywed mewn llythyr at Ieuan Fardd:

> Mae Llangwm wedi myned oddi yma er's dyddiau tua Chymru i werthu ei Lyfrau Cân; a chan ei fod i brintio ail rhan o'r llyfr, da y gwnaech roi yn ei law eich holl waith eich hun i'w gyhoeddi, minnau a ddiwygiaf y wasg ichwi. (ALMA 593)

Cyn diwedd mis Tachwedd 1763 yr oedd Ieuan wedi derbyn ei gopi o'r *Diddanwch* ac wedi cyflawni dymuniad Richard Morris. Gwelodd Huw Jones y gallai ladd dau aderyn â'r un ergyd trwy ddosbarthu'r *Diddanwch* a thrwy ddechrau casglu enwau tanysgrifwyr ar gyfer y gyfrol nesaf yr un pryd. Ni chlywyd mwy am y cynllun hwn ac anodd gwybod beth yn union a aeth o'i le. 'Pa beth a ddaeth o Hugh Jones o Langwm a'i lyfr? A ydyw yn ei argraphu neu beidio?' holai Ieuan Fardd mewn llythyr at Richard Morris ym mis Gorffennaf 1764 (ALMA 628), a'r un oedd ei gân ryw flwyddyn yn ddiweddarach: 'Pray what is become of *Hugh Jones of LlanGwm* and his intended publications?' (ALMA 657). Ar gais Richard Morris y cyflwynodd Ieuan ei gerddi i Huw Jones, 'y carnlleidr o Langwm', yn y lle cyntaf, ac efallai fod elfen o feirniadaeth gynnil yn sylwadau Ieuan mewn llythyr arall at Richard Morris ym mis Mehefin 1766:

Myfi a roddais iddo fy holl waith fy hun mewn prydyddiaeth
Gymraeg, er mwyn eu hargraffu, es mwy no dwy flynedd, ac ni
chlywais oddi wrtho o'r dydd hwnw hyd heddyw, ac ni waeth genyf
a glywyf oddi wrtho ef na'i fath fyth. (ALMA 667)

Gan Huw Huws y Bardd Coch y cafwyd y gair olaf am Huw
Jones. Dyma'r hanes a gyrhaeddodd Richard Morris ym mis
Tachwedd 1766:

Ie, gwr gonest ydyw Huw Llangwm, os da dywedyd celwydd; heb
law ei gnafeidddra i chwi ac eraill yn Llundain, fe dwyllodd amryw
Bobl yn y wlad yma, dan esgus cael arian i Brintio yr ail rhan o'r
llyfr diddanwch. A'i gynnygiadau i argraphu y llyfr gweddi gyffredin
i wasanaeth yr Eglwys, ac un llai mewn Teuluoedd a'r llawgell; ac fe
hudodd Bersoniaid ac eraill am eu harian; ond ni ddangosodd mo'i
wyneb dig'wilydd yn y parthau hyn etto mi glywais ei fod yn
cyrwydro hyd ei wlad ei hun, ac iddo fyned i'r deheudir i dwyllo y
rheini os medr am eu harian. (ALMA 674)

Cyrhaeddodd Huw Jones sir Fôn ym Mis Bach 1767 ond
dewisodd osgoi Huw Huws, 'canys fe ddeallodd na chae fawr
groesaw oblegid nad oedd yn haeddu dim gwell' (ALMA 685). Ni
wyddom y nesaf peth i ddim am symudiadau Huw Jones yn ystod
gweddill ei oes. Er bod rhai baledi a oedd yn cynnwys ei gerddi
wedi ymddangos yn ystod saithdegau'r ganrif, gellid tybio ar sail
y baledi y gellir eu dyddio mai'r blynyddoedd rhwng tua 1755 ac
1770 oedd ei gyfnod prysuraf. Serch hynny, mewn baled a ddaeth
o wasg Dafydd Jones o Drefriw yn 1779, gwelir bod cynllun arall
ar y gweill. Rhybuddir:

Fod iw Argraphu trwy gynnorthwy y Llyfr a elwir CYSUR MEWN
ADFYD Neu Myfyrdodau'r Prydydd ar amryw fannau hynotaf yn yr
Ysgrythyr Lan, gwedi ei gwneud yn Gerddi ar Fesurau Cyffredinol
yr oes honn. Y Llyfr fydd dau naw o bris dan ei gaead; y sawl a fydd
mor ewyllysgar ag anfon 6 chiniog gyda i Henw i gynorthwyo'r
gwaith; neu a dderbynio ag a roddo at 12 a gaiff Lyfr yn rhâd, gan
eich ufudd Was'naethwr Hugh J Llangwm.

(Casgliad Baledi Bangor 6 (16))

Yr oedd *Bardd a Byrddau* wedi ymddangos y flwyddyn
flaenorol ac efallai i ymdrechion Jonathan Hughes aildanio

brwdfrydedd Huw Jones. Rhai blynyddoedd ynghynt bu Elis y Cowper, yntau, yn ystyried dilyn yr un trywydd. Yn ei lythyr annerch ar ddechrau'r anterliwt *Gras a Natur* a argraffwyd yn 1769, rhybuddia:

> Fy anwyl ffriendie am cud ymdeithyddion drwy rhwystre ar anialwch bowyd darfodedig hwn, at y porth ladd dymunol; rwy fi'n awr yn bwriadu gida chenad duw a chynorthwy y nghud wladwur ddanfon un llyfur om gwaith fy hun i blith y ngwellyswur da, Sef o Garole a Cherddi o'r rhai gore a neis i yn y mowud mi amcenais i roddi fo allan or blaen ond i rwystre ddyfod om hamcanion i ben ... Henw y Llyfur yw diddanwch ir ysbrydol. (t. 3)

Dros yr ugain mlynedd blaenorol lluniasai Huw Jones nifer o gerddi crefyddol eu cywair, er enghraifft, 'Ystyriaethau ynghylch diwedd amser neu'r dychrynadwy arwyddion a'r rhyfeddodau a fydd yn y dydd diwethaf, gwedi ei gymeryd allan o amryw fannau o'r Ysgrythurau Sanctaidd, sef y dychryn a fydd i'r annuwiolion weled diben pob peth a mawr orfoledd y cyfiawn yn y nefoedd' (BWB 483), neu 'Cerdd ... yn dangos fel y darostyngwyd pob rhyw radd o ddynion i'w hangau o'r dydd y pechodd Adda hyd y dydd heddiw' (Llsgr. LlGC 843B, 190). Er bod chwarter y baledi a luniodd Huw Jones yn rhai crefyddol, rhaid cydnabod mai dyrnaid ohonynt sy'n cynnwys 'Myfyrdodau'r Prydydd ar amryw fannau hynotaf yn yr Ysgrythyr Lan'. Hyd y gwyddys nid ymddangosodd y gwaith hwn, ac os oedd y cerddi wedi eu llunio yn unswydd ar gyfer 'Cysur mewn Adfyd' rhaid derbyn bod cyfran dda o faledi Huw Jones wedi mynd i ddifancoll. O'r safbwynt hwnnw cafodd fwy o lwyddiant wrth ddwyn cerddi ei gyfoedion i olau dydd nag a gafodd wrth ddiogelu a hyrwyddo ei gynnyrch ei hun.

BYRFODDAU

AHJL	Lake, A. Cynfael, gol., *Anterliwtiau Huw Jones o Langwm* (Caernarfon, 2000)
ALMA	Owen, Hugh, ed., *Additional Letters of the Morrises of Anglesey (1735–1786)* (London, 1947–9)
BL Add	Llawysgrif Ychwanegol yng nghasgliad y Llyfrgell Brydeinig yn Llundain
BWB	Davies, J.H., *A Bibliography of Welsh Ballads Printed in the Eighteenth Century* (London, 1911)
CM	Llawysgrif yng nghasgliad Cwrtmawr yn Llyfrgell Genedlaethol Cymru yn Aberystwyth
DG	*Dewisol Ganiadau yr Oes Hon* (1759)
LlGC	Llawysgrif yn Llyfrgell Genedlaethol Cymru yn Aberystwyth
ML	Davies, J.H., ed., *The Letters of Lewis, Richard, William and John Morris, of Anglesey (Morrisiaid Mon) 1728–1765* (Aberystwyth, 1907–9)
TCHSDd	*Trafodion Cymdeithas Hanes Sir Ddinbych*

LLYFRYDDIAETH

1. Y llyfrau a gyhoeddwyd gan Huw Jones

Cyngor Difrifol i Gadw Dydd yr Arglwydd (W. Roberts, Llundain, 1763)
Dewisol Ganiadau yr Oes Hon (Stafford Prŷs, Y Mwythig, 1759)
Diddanwch Teuluaidd (W. Roberts, Llundain, 1763)
Enterlut, Neu Ddanghosiad o'r Modd y Darfu i'r Brenhin Dafydd Odinebu Efo Gwraig Urias (W. Read & T. Huxley, Caerlleon, d.d.)
Enterlute Newydd ar Ddull Ymddiddan Rhwng Protestant a Neilltuwr (T. Wood, Amwythig, 1783)
Hanes y Capt. Factor (W. Roberts, Llundain, 1762)
Histori'r Geiniogwerth Synnwyr (R. Marsh, Wrecsam, d.d.)

2. Gweithiau eraill y cyfeiriwyd atynt

ap Huw, Maredudd, 'Elizabeth Davies: 'Ballad Singer'', *Canu Gwerin* 24 (2001), 17-19

Ashton, Charles, *Hanes Llenyddiaeth Gymreig o 1651 O.C. hyd 1850* (Liverpool, [1893]), 230-47

Ashton, G.M., gol., *Drych yr Amseroedd Robert Jones, Rhos-lan* (Caerdydd, 1958)

—, gol., *Hunangofiant a Llythyrau Twm o'r Nant* (Caerdydd, 1964)

Davies, J.H., *A Bibliography of Welsh Ballads Printed in the Eighteenth Century* (London, 1911)

—, ed., *The Letters of Lewis, Richard, William and John Morris, of Anglesey (Morrisiaid Mon) 1728–1765* (Aberystwyth, 1907–9)

—, ed., *The Letters of Goronwy Owen (1723–1769)* (Cardiff, 1924)

Donovan, P.J. a Thomas, Gwyn, goln., *Gweledigaethau y Bardd Cwsg Ellis Wynne* (Llandysul, 1998)

Edwards, Hywel Teifi, *Yr Eisteddfod* (Llandysul, 1976)

Edwards, O.M., gol., *Beirdd y Berwyn* (Llanuwchllyn, d.d.)

Edwards, Thomas, *Gardd o Gerddi: Neu Gasgliad o Ganiadau* ([Trefeca], 1790)

Evans, D. Silvan, gol., *Gwaith y Parchedig Evan Evans (Ieuan Brydydd Hir)* (Caernarfon, 1876)

Evans, G.G., 'Yr anterliwt Gymraeg', *Llên Cymru* 1 (1950–1), 83-96, 224-31

—, *Elis y Cowper* (Caernarfon, 1995)

Foulkes, I., gol., *Gwaith Thomas Edwards* (Liverpool, 1874)

Hope, W., gol., *Cyfaill i'r Cymro; Neu, Lyfr o Ddiddanwch Cymhwysol* (Caerlleon, 1765)

Hughes, Jonathan, *Bardd, a Byrddau Amryw, Seigiau* (Y Mwythig, 1778)

Hughes, Jonathan, *Gemwaith Awen Beirdd Collen, Neu, Gasgliad o Gynghanedd* (Croesoswallt, 1806)

Hughes, R. Gwilym, 'William Wynn, Llangynhafal', *Llên Cymru* 1 (1950–1), 22-8

Ifans, Rhiannon, 'Celfyddyd y Cantor o'r Nant', *Ysgrifau Beirniadol* XXI (Dinbych, 1996), 120-46

—, '*Cân di bennill...?*': *themâu anterliwtiau Twm o'r Nant* (Aberystwyth, 1997)

Isaac, Norah, gol., *Tri Chryfion Byd* (Llandysul, 1975)

Jenkins, Geraint H., *Thomas Jones yr Almanaciwr 1648–1713* (Caerdydd, 1980)

—, "Dyn glew iawn': Dafydd Jones o Drefriw 1703–1785', *Cadw Tŷ Mewn Cwmwl Tystion* (Llandysul, 1990), 175-97

Jones, Dafydd Glyn, 'The interludes' yn Jarvis, Branwen, ed., *A Guide to Welsh Literature c. 1700–1800* (Cardiff, 2000), 210-55

—, 'Thomas Williams yr Anterliwtiwr', *Agoriad yr Oes* (Tal-y-bont, 2001), 111-55

Jones, David, gol., *Blodeu-gerdd Cymry* (Y Mwythig, 1759)

Jones, Emyr Wyn, 'Twm o'r Nant and Sion Dafydd Berson', *Trafodion Cymdeithas Hanes Sir Ddinbych* 30 (1981), 45-72

Jones, Hefin, *Dic Dywyll y Baledwr* (Llanrwst, 1995)

Jones, J.T., *Geiriadur Bywgraffyddol o Enwogion Cymru* (2 gyf., Aberdar, 1867–70)

Jones, Owen, gol., *Cymru: Yn Hanesyddol, Parthedegol, a Bywgraphyddol* (Llundain, 1875)

Jones, Thomas, *Beirdd Uwchaled* (Lerpwl, 1930), 36-8

Jones, W., gol., *Llu o Ganiadau* (Croesoswallt, 1798)

Kinney, Phyllis, 'The tunes of the Welsh Christmas Carols (I)', *Canu Gwerin* 11 (1988), 28-57

—, 'The tunes of the Welsh Christmas Carols (II)', *Canu Gwerin* 12 (1989), 5-29

Lake, A. Cynfael, 'Evan Ellis: gwerthwr baledi a British Oil &c', *Y Traethodydd*, 1989, 204-14

—, gol., *Blodeugerdd Barddas o Ganu Caeth y Ddeunawfed Ganrif* (Llandybïe, 1993)

—, 'Puro'r Anterliwt', *Taliesin* 84 (1994), 30-9

—, gol., *Ffrewyll y Methodistiaid* (Llandybïe, 1998)

—, 'Llenyddiaeth boblogaidd y ddeunawfed ganrif', *Cof Cenedl* XIII (Llandysul, 1998), 69–101

—, 'Cipdrem ar anterliwtiau Twm o'r Nant', *Llên Cymru* 21 (1998), 50-73

—, gol., *Anterliwtiau Huw Jones o Langwm* (Caernarfon, 2000)

—, 'Y Methodistiaid trwy lygaid dau o anterliwtwyr y ddeunawfed ganrif', *Y Traethodydd*, 2000, 25-42

—, 'Anterliwt *Y Brenin Dafydd*', *Y Traethodydd*, 2007, 89-102

Lloyd, John Edward *et al.*, goln., *Y Bywgraffiadur Cymreig hyd 1940* (Llundain, 1953)

Lleyn, Gwilym, *Llyfryddiaeth y Cymry: Cambrian Bibliography 1546–1800*, gol. D. Silvan Evans (Llanidloes, 1869)

Llwyd, Alan, *Gronwy Ddiafael, Gronwy Ddu* (Llandybïe, 1997)

Llwyd, Rheinallt Geraint, 'Bywyd Dewi Wyn o Eifion (1784–1841), ac astudiaeth o'i weithiau a'i gysylltiadau llenyddol' (MA Cymru [Aberystwyth], 1979)

Millward, E.G., 'Gwerineiddio llenyddiaeth Gymraeg', yn Gruffydd, R. Geraint, gol., *Bardos* (Caerdydd, 1982), 95-110

Owen, Dafydd, *I Fyd y Faled* (Dinbych, 1986)

Owen, Hugh, ed., *Additional Letters of the Morrises of Anglesey (1735–1786)* (London, 1947–9)

Owen, Rice Jones, gol., *Gwaith Prydyddawl y Diweddar Rice Jones o'r Blaenau, Meirion* (Dolgelleu, 1818)

Parry, John, gol., *Y Gwyddoniadur Cymreig* (ail arg., Dinbych, 1889–96)

Parry, Tom, *Baledi'r Ddeunawfed Ganrif* (Caerdydd, 1935)

—, 'Yr hen ryfeddod o Langwm', *Y Casglwr* 16 (1982), 16

Parry-Williams, T.H., gol., *Llawysgrif Richard Morris o Gerddi* (Caerdydd, 1931)

Roberts, Ellis, *Llyfr Enterlute Newydd ... Rhwng Gras a Natur* (Warrington, 1769)

Roberts, T.R., *Eminent Welshmen: A Short Biographical Dictionary of Welshmen* (Cardiff, 1908)

Rosser, Siwan M., *Y Ferch ym Myd y Faled* (Caerdydd, 2005)

—, gol., *Bardd Pengwern* (Llandybïe, 2007)

—, 'Baledi newyddiadurol Elis y Cowper', *Cof Cenedl* XXIII (Llandysul, 2008), 67-99

Rowland, E.H., *A Biographical Dictionary of Eminent Welshmen* ([Wrexham], 1907)

Stephens, Meic, gol., *Cydymaith i Lenyddiaeth Cymru* (ail arg., Caerdydd, 1997)

Wiliam, Dafydd Wyn, *Cofiant Lewis Morris 1700/1–42* (Llangefni, 1997)

—, *Cofiant Lewis Morris 1742–65* (Llangefni, 2001)

Williams, D.D. a Griffith, Robert, *Deuddeg o Feirdd y Berwyn* (Liverpool, 1910)

Williams, G.J., 'Eisteddfodau'r Gwyneddigion', *Y Llenor* XIV (1935), 11-23; XV (1936), 88-96

Williams, Robert, *Enwogion Cymru: A Biographical Dictionary of Eminent Welshmen* (Llandovery, 1852)

Williams, Tho., *Hanesion o'r Hen Oesoedd* (London, 1762)

Williams, William, [Caledfryn], 'Athrylith a gweithion Thomas Edwards, o'r Nant', *Y Traethodydd*, 1852, 133-51

GWEFANNAU

http://www.e-gymraeg.org/cronfabaledi

TORFAEN LIBRARIES

141